读客®文化

古代人的日常生活：

古代也有“996”工作制吗？

讲历史的王老师 著

江苏凤凰文艺出版社
JIANGSU PHOENIX LITERATURE AND ART PUBLISHING

图书在版编目（CIP）数据

古代人的日常生活：古代也有“996”工作制吗？/
讲历史的王老师著. -- 南京：江苏凤凰文艺出版社，
2021.6（2021.11重印）
ISBN 978-7-5594-5786-8

Ⅰ.①古… Ⅱ.①讲… Ⅲ.①社会生活－中国－古代
－通俗读物 Ⅳ.①D691.93-49

中国版本图书馆CIP数据核字(2021)第070993号

古代人的日常生活：古代也有“996”工作制吗？

讲历史的王老师　著

责任编辑　丁小卉
特约编辑　徐　成　　蔡若兰　　赵芳葳
封面设计　张　璐
责任印制　刘　巍
出版发行　江苏凤凰文艺出版社
　　　　　南京市中央路165号，邮编：210009
网　　址　http://www.jswenyi.com
印　　刷　天津联城印刷有限公司
开　　本　880 毫米 × 1230 毫米　1/32
印　　张　8.75
字　　数　170千字
版　　次　2021 年 6 月第 1 版
印　　次　2021 年 11 月第 2 次印刷
标准书号　ISBN 978-7-5594-5786-8
定　　价　49.90 元

目　录

职场篇

家庭篇

百科篇

饮食篇

文化篇

司法篇

职场篇

01
古代也有“996”工作制吗？

所谓“996”，是当下的一种工作作息制度，即早上九点上班，晚上九点下班，一周工作六天。这种模式多流行于互联网企业，成为一种加班文化。那么，古人工作会加班吗？古代也有“996”工作制吗？

回答这些问题，我们首先需要知道古代什么人能上班。古代中国是农耕社会，大部分人都是个体务农，没有上班的机会。有资格上班的，多是官员阶层和衙门里的胥吏衙役，另外还有奴婢和工匠。

“上班”一词源于古人上朝。“班”最初的意思是排列，后来成为衡量队列的量词。官员们上朝排成不同队列，分成文班和武班，在此基础上衍生出了“上班”一词。明清时期，上班多指到官府工作，如《济公全传》里就有“昨天我在衙门上班”的说法。

△ 古代官员上朝模型（位于大明宫国家遗址公园）

接下来，咱们就来考察一下古代官员的上班时间。《诗经·鸡鸣》里曾用“鸡既鸣矣，朝既盈矣”“东方明矣，朝既昌矣”来描写周朝官员上班的状态。意思是说公鸡打鸣时，官员已经到朝堂上站好了；东方阳光普照时，朝堂上已经开始忙碌了。这么看来，周朝官员的上班时间完全取决于公鸡几点打鸣，要看公鸡的心情。

今天的“打工人”为了能多睡会儿懒觉，上班往往会踩点打卡签到。古代官员上班也要“打卡”。明朝《官箴集要》记载官吏衙役等人要“每日侵晨于上画卯，至暮画酉”。每天卯时，人们就要在签到簿上“画卯”签到，这一环节又称“点卯”。王老师在小时候常听爷爷上班前说“到单位点卯去”，当时还纳闷是啥意思，后来才知道这是源于古代的上朝制度。卯时是早上五点到七点，咱们取中间值，按照六点算。从“至暮画酉”可知，古人是在酉时下班。酉时是晚上五点到七点，咱们还取中间值，按照六点算。这样算下来，古代官员早上六点上班，晚上六点下班，一天的工作时间是十二个小时。

那么，古代官员一周工作几天呢？汉朝官员五天一休息，唐朝官员十天一休息。明朝最狠，洪武六年，朱元璋“令百官每月五日给假”，每月只有五日那天放假。平均算下来，古代官员一周要上六天班，再加上每天从早上六点工作到晚上六点，可称之为“666”工作制，同今天的“996”工作制简直如出一辙。

古人上班迟到或旷工也会被扣工资吗？当然，而且更严格。《唐会要》记载，在唐肃宗时期，“朝参官无故不到，夺一月俸”。缺席一天就要罚一个月的工资，这已经非常狠了。还有更狠的！宋末元初著名画家赵孟頫，任职兵部郎中时，因为上班迟到，被札鲁忽赤（负责地方行政的蒙古官员）打了屁股。明朝皇帝也喜欢打官员屁股，这种处罚被称为“廷杖”，官员上朝迟到或缺席就会被廷杖。魏忠贤当政时期，有个官员上朝时快迟到了，害怕被打屁股，就在紫禁城内一路狂奔，心想“只要我跑得够快，就不会迟到”。不料，慌忙中这位官员失足掉进了御河，淹死了。这真是怕迟到怕到“殉职”。

今人不满“996”，古人对“666”也是满腹牢骚。宋朝的欧阳修在《集禧谢雨》一诗中吐槽：“十里长街五鼓催，泥深雨急马行迟。卧听竹屋萧萧响，却忆滁州睡足时。”欧阳修在描述自己踩着泥泞冒雨上班的辛苦之际，不由得怀念起以前可以睡到自然醒的日子。

除了官吏衙役外，古代的奴婢和工匠也要上班。他们的工作时长可能比一般官员还长。清朝的方苞在文章《婢音哀辞》中回忆自己的一位名叫“音”的婢女时，说她“夜四鼓卧，鸡鸣而起，率以为常”，即半夜一两点睡觉，早上六点又要起床干活，常年如此。一天里除了睡觉时间，她都在干活，还没有节假日，可谓“247”工作制——二十四小时工作，一周干七天，像工蜂一样每天不停工作，直到生命的尽头。今天的“打工人”感叹上班太累，自嘲“上班‘996’，生病ICU”。方苞的这位婢女由于工作太累，年仅17岁就去世了，可谓“上班‘247’，生病就归西”。

到了近代，西方工厂制度传入我国，出现了现代意义的“上班”。民国时期，上海工人的日平均工作时间为八至十一个小时。每月具体工作天数跟行业有关，纺织业最少，平均每月工作二十天；造船业最高，平均每月工作二十八天。中华人民共和国成立后，工人可以每周休息一天。即便这样，周工时也长达四十八小时。直到1995年，我国才实现了一周双休。

02
古代官员的工资高吗？

有人统计过，当下的丈母娘在选女婿时，最喜欢的职业依次为公务员、医生、教师。在古代，学而优则仕，最优秀的人才通常都以当官为自己的远大理想。那古代官员的工资高吗？

先秦时期，官员一般分为两类：第一类是有爵位的贵族官员，并且可以祖传，老子当官，儿子、孙子也能当官；第二类是非贵族出身的官员，一般随机任用。第一类官员的收入主要来自贵族爵位所获得的采邑。所谓采邑，就是君王分封的土地，包括土地上的人口。从采邑上获得的收入就相当于这类官员的工资了。这种世代做贵族、享有采邑的制度叫作“世卿世禄制”。第二类官员由于没有“贵族编制”，也没有采邑，因此只能从上级那儿领工资，叫作“稍食”。稍食的多少，由雇佣双方协商决定。春秋时期孔子周游列国，到卫国时，卫灵公有意留下他做官，但不知道工资该给多少，于是就问孔子："你在鲁国的时候俸禄是多少？"孔子答道："一年大概是粟六万斗。"于是，卫国也按这个标准给孔子发工资。

秦朝建立后，官员不再世袭，而是由国家直接任命，世卿世禄制失去了存在的基础。此后，官员的收入主要是国家给的俸禄。汉承秦制，不同等级的官员俸禄水平差距不大。以汉朝为例，根据《汉书》（颜师古注）和《后汉书》记载，汉朝官员从最高级别的三公到最低级别的小官，一共有十七个等级，官员的俸禄级别被称为"秩次"。秩序的秩，反映了不可僭越的等级秩序，秩次也成了衡量官员官职大小的标准。汉朝根据官员的秩次发放相应数量的粮食（有时是半钱半粮食），粮食的计重单位为"石"。所以在不少汉朝题材的文学作品里，官员的大小经常用几百石或几千石衡量。

汉朝三公（类似于今天的副国级官员）的年俸禄为万石，但这里的万石只是个虚数，实际为四千二百石；郡守（类似于今天的省级官员）的年俸禄为两千石，实际为一千四百四十石；级别最小的基层公务员，月俸禄为十一石，折合每日为一斗二升，所以这种小官又叫"斗食"。最高和最低级别官员之间的俸禄差了三十多倍，差距还是很大的。

汉朝官员的收入到底是高还是低呢？我们拿同时期的普通老百姓对比一下便可知。根据学者张兆凯的估算，汉朝三公级别官员的俸禄收入为普通民众收入的四十七倍。这样算下来，即便是最基层的“斗食”，也是普通人收入的一倍多。2018年，我国人均国民总收入约六万七千元。假设这个数字是汉朝普通民众的收入水平，那么汉朝高级官员的年薪大约为三百一十五万元，基层公务员的年薪大约为十万元。由此可见，汉朝基层公务员的收入与今天差不多，但高级官员的收入就很高了，属于“高官厚禄”。除了俸禄之外，汉朝高官还能获得名目众多的额外赏赐。比如东汉皇帝在年底时给予各级官吏的赏赐，称“腊赐”，类似于今天的年终奖。

唐朝官员的俸禄是真正的俸禄，分为俸和禄两种。俸发的是钱和布匹，禄发的是粮食。除此之外，国家还会发给官员一块耕地，称为“职田”，官员可以租出去，获得的收入即为工资。但唐朝官员的收入并不高。有学者估计，即使是一个唐朝的五品官员，地位相当于今天的厅级干部，其收入与汉朝的基层公务员相比也高不了多少。另外，唐朝还经常扣工资。皇上修宫殿、打仗缺军费，这些都要扣工资。

官员工资最高的要数宋朝。宋朝官员的工资分为两部分：俸钱、禄粟等基础部分称为本俸；第二部分是各种职务补贴，称为“添给”。据《宋史·职官制》记载，宋朝宰相、枢密使等高官，每月俸钱为三百贯，折合成今天的购买力大概是三十万元。另外还有春、冬服各绫二十匹，绢三十匹，绵百两，禄粟月一百石。地方的县令级别官员每月二十贯，禄粟每月五石，另外还有盐、茶、薪、酒等各种添给。综合算下来，宋朝最高级别官员的月收入在百万元上下，基层公务员每月也在万元以上。除此之外，宋朝政府还给官员配仆人。最低级别的官员可以配一个，宰相可以配一百个，仆人的衣食开销全由国家报销。所以，宋朝的官员的收入是历朝历代最高的，清代文学家赵翼就曾在文中惊呼“宋制禄之厚”。

很多朋友都认为明朝官员工资低，我们来看看具体有多低。明朝官员分九品十八级，正一品官员每月俸禄发米八十七石，级别最低的从九品官员每月发米五石。在人均收入普遍都低的明朝，这已经不少了。当时江南一个五口之家的年消费折米五十五石，九品官的年发米是六十石，二者相当，最小的官也能养得起全家人。但问题的关键在于，明朝官员的工资经常不够发，没米的时候就折成其他东西，比如宣德年间折过布匹。有人会问：布匹拿出去卖不就完了？没那么简单，折换的时候政府往往把价格定得比市场价高出好几倍，出去卖就赔钱。最荒唐的时候，政府还把苏木、胡椒等香料当俸禄发放给官员，满朝文武走路时都飘着十三香的味道。

清朝官员的工资比明朝还低。清朝一品的总督年俸银为一百八十两，禄米为一百八十石。按照康雍乾时期的米价计算，其俸禄折合大米六万斤，按照今天超市中等价位的散装大米四元一斤计算，清朝一品的总督年薪大约是二十四万元。以此类推，七品知县的年薪是六万元。这个工资水平真心不高，要知道这些俸禄还包含了手下没有编制的幕僚的工资，以及所有的办公费用。所以清朝政府就允许地方官员搞一些制度性的腐败来贴补，最有代表性的就是耗羡银制度。

所谓耗羡，就是地方官收税的时候以损耗的名义加收的赋税。为什么会有损耗呢？清朝征收的税赋主要是粮食和银子。粮食在储藏、运输过程中有发霉变质的，还会有被虫鼠鸟雀吃掉的，所以会消耗一部分；征收银子时，民众交的大多是碎银子，地方官府要将这些碎银子熔铸成官制的银锭，熔铸的过程也会有损耗。这些钱粮的损耗自然要让民众承担，所以政府征税的时候一般要多加收一部分损耗，这就是耗羡。耗羡制度在汉朝就有了。清朝的耗羡加征率一般是10%，因此耗羡成了地方官腐败来源。雍正时，为了打击地方官吏腐败并减轻民众负担，实行了耗羡归公制度，将全部耗羡固定为正税并上交中央，取而代之的是给地方官员的养廉银。总督的养廉银一万六千两，加上俸禄，折合今天的年收入超过一千万元；地方知县的养廉银一千二百两，加上俸禄，年收入约合今天的八十万元。

至于不能收税的京官，就靠地方官的送礼了，而且套路极其繁多。比如冬天的时候要送“炭敬”来买炭取暖，夏天的时候要送“冰敬”来买冰降温，过年时要送“年敬”来买年货，京官领导家里有喜事的时候还要送“喜敬”贺喜，甚至领导家的门卫都要送“门敬”来慰问打点。所以，清朝官员的额外收入非常高，并不靠基本工资过日子。

03
古代官员的退休生活怎么样?

官员阶层是古代少有的上班族，老了也会退休，古代称为“致仕”。影视剧也常用“告老还乡”的场景来表现官员退休，例如在电视剧《宰相刘罗锅》的最后，刘墉就骑上小毛驴告老还乡。此外还有“乞骸骨”“请老”“告老”“悬车”“告归”“乞身”“致政”等说法，都是退休的意思。

古代官员的退休年龄一般是七十岁。《礼记·王制》记载：“五十而爵，六十不亲学，七十致政。”后世也偶有将退休年龄提前的，如朱元璋曾经为了限制功臣集团的势力，“令文武官六十以上者皆听致仕”，将退休年龄提前到了六十岁。但古代的官员并不爱退休，毕竟“权力在手，说有就有”。就像电视剧《我爱我家》里的老傅同志，区区一个副局长，到了六十五岁还不想退休，“又不明不白地在局里混了两三年”。古代官员也可以延期退休，但前提是高官。比如清朝三品以上的高官，如果身体允许，可以工作到七十岁，牙掉光了还继续为皇帝服务。晚清重臣李鸿章，一直干到七十九岁，最后病死在北洋大臣的任上。

古代也有提前退休的官员，比如身体不好的可以病退，如果能够病愈可以得到复用。有的官员看不惯官场风气或仕途不顺时，会以病退为理由离开官场。明朝时，一些官员因不满阉党专权而主动退休，理由多是身体不适。这些官员并非没有可能东山再起。根据《明史》记载，官员何瑭因不满宦官刘瑾的跋扈，拒绝行跪礼只作揖拜见，他自知刘瑾不能容自己，便上书提前退休，后来刘瑾被诛杀，他又官复原职。

古人看重孝道，因此许多官员会为了回家赡养父母或者守孝而退休，前面的情况被称为“养亲”，后面的情况被称为“丁忧”。这种退休官员，在服丧期满后也能得到朝廷重新起用。如果某位官员的作用不可或缺，皇帝还会特批免去“丁忧”，这种现象被称为“夺情”。明朝时，张居正辅佐年幼的万历皇帝，父亲去世时他走不开，最终“夺情”，因此还引发了一场政治风波。

古代还有一种惩罚式退休，叫作勒令致仕，即强制退休，一般是针对犯有过失的官员。具体有三种情况。一是考察不合格者。明清两朝有严格的官员考察制度，其中京官是三年一考察，称为京察。京察合格者可优先得到升迁，不合格者就麻烦了。情节较轻的可能就会降级或勒令致仕，严重的会被革职或被移交司法处理——不开除，难道“留着过年”？

另外，古代被言官弹劾或失去皇帝信任的官员，也会被勒令致仕。比如清末的袁世凯，因为得罪了宣统帝溥仪的父亲，即摄政王载沣，被强制病退，理由竟然是说他脚有毛病。

古代官员的退休待遇如何呢？首先，品级和荣誉头衔可以保留，运气好还会被加官致仕，在退休后仍然享有较高的社会地位；其次，古代官员退休后还可以享受免役、免税的待遇。古代多是宗族大家庭，一人为官，全家免税，这个福利很实在。

大家最关心的可能就是退休金了。在明朝之前，官员并没有退休金。有时皇帝会恩赏个别官员退休后继续享受俸禄，但这属于特殊情况。考察明朝官员的生平资料，享受过这种待遇的官员凤毛麟角。到了清朝，官员就有退休金了，有全俸者，有半俸者，也有无俸者。一般而言，勒令致仕的官员没有退休金，谁让你犯错了呢。到年龄主动退休的，一般会享受半俸，三品以上高官能享有全俸，这属于“光荣退休”。但古代官员并不在乎这些退休金，因为在任时早就在老家屯买田产，退休后靠收租也足够生活了。

古代官员退休后都干什么呢？古人乡土观念较重，致仕后都会回到老家的大家族中去安度晚年，并不会留在京城养老。退休后，有的人会著书立说，终日以经史子集、诗词歌赋为乐，这是风雅的一派；有的人会放纵于声色犬马，好好释放一下当官时的压抑，这是逍遥的一派；有的人会务农种地，同瓜果蔬菜、花花草草为伴，这是田园的一派；有的人会回家乡办教育，主持书院，开馆授课，传授为官经验，培养下一代，这是发挥余热的一派；还有一些致仕后的官员会横行乡里，与地方官员相勾结，为害一方，这是厚颜无耻的一派。清朝学者赵翼在其著作中就曾感慨：“不特地方有司私派横征，民不堪命，而缙绅居乡者，亦多倚势恃强，视细民为弱肉，上下相护，民无所控也。”那时候，连已经退休的官员都能让老百姓上告无门，真心庆幸我们能活在当代。

04
古代有消防队吗？

火灾是一种发生频率很高、对生命和财产危害极大的灾难。在今天，如果发生了火灾，人们只需要拨打电话“119”，配备专业灭火设备的消防队就会赶来灭火。那么古代如果发生火灾，人们该怎么办呢？古代有消防队吗？这一篇咱们就来聊聊这个话题。

“消防”并非中国的本土词，而是在近代从日本传入的外来词。“消”意为灭火，“防”意为防火，日本人将两字组合，产生了消防一词。

中国自古就有消防事业，在古代被称为“火政”。根据《周礼》记载，早在西周，政府就设置了专门负责火政的官员。《后汉书·百官志》记载，汉朝政府设有“执金吾（yù）”一职，其职责为“掌宫外戒司非常水火之事”，即负责京城的警卫和消防。执金吾之下设有若干街亭，每个街亭负责相应区域内的治安和消防，类似于今天派出所和消防队的结合体。东汉开国皇帝刘秀在儿时就曾许下“仕宦当作执金吾”的愿望，梦想当个监管消防的治安大队长。

到了唐朝，执金吾被武侯铺取代。武侯铺内备有专门的灭火设备——水袋。这种水袋用一整张牛皮或羊皮缝合而成，容量可达三四石。水袋内还插有一根长长的竹筒，人在使用时可以控制水流沿着竹筒流向着火点。这种设备可以远距离灭火，比用水桶泼水的方式要精准得多。

△ 北京西四牌楼旁的望火楼（摄于二十世纪初）

执金吾和武侯铺都是兼职消防。我国最早的专业消防队诞生于宋代，名为“潜火铺”，“潜火”就是灭火的意思。一座城市中潜火铺的数量与该城市的规模大小有关，一般建在城区内地势较高的地方。潜火铺内要搭建“望火楼”，楼的基座有九米多高。站在望火楼上，附近城区一览无余，可及时发现火情。望火楼内配有旗帜和油灯，用来发出火情信号。白天，如果举一面旗代表外城着火，举两面旗代表内城着火，举三面旗是最高警戒，代表皇城附近着火。如果晚上着火，则用举油灯代替举旗。潜火铺内的灭火设备一应俱全，如大小水桶、洒子、麻搭、斧锯、云梯、火叉、大索、铁锚等。居然还有斧锯，这些到底是灭火还是拆迁设备？别急，一会儿你就明白了。

△ 古画里的望火楼（出自《清明上河图》）

△ 古代的消防基地模型（位于中国消防博物馆）

望火楼发出火情报警后，潜火兵立即出动，力求在最短时间内赶到火灾现场。潜火兵统一着装，身穿写有编号的“火背心”，目的是防止外人混入火灾现场趁火打劫。另外他们还配有毡帐，用水浸湿后披在身上，可以有效防止烧伤。

潜火兵到达现场后，首先采取浇水的办法灭火，一般的火灾用水桶泼水即可扑灭。对于较高或无法接近的起火点，潜火兵就要用远程灭火设备了。除了前面提到的水袋外，宋朝还出现了水囊。水囊用猪或牛的膀胱制成，每个可装五六升水。使用时，潜火兵将水囊直接抛掷到起火点，囊破水出，达到灭火的作用。灭火用的水，都是就近取用。古代的房屋密集区会设置消防水缸，储满水以备灭火之用。清朝的紫禁城内，就有大大小小三百零八口铜制的消防水缸。

此外，宋朝还出现了另一种远程灭火设备——唧筒。北宋《武经总要》记载了这种设备的构造：“用长竹，下开窍，以絮裹水杆，自窍唧水。”唧筒的主体是两根长短一样的竹筒，一根略粗、一根略细。将细竹筒包裹棉絮后插入粗竹筒中，使用时将细竹筒向外拉，并在粗竹筒内注入水，然后挤压推入细竹筒，利用压强将水射出。细竹筒包裹的棉絮作用是尽量隔绝空气，增大粗竹筒内部的压强。唧筒的工作原理类似于今天挤压式水枪或医用注射器，灭火距离远且精准，是技术含量较高的灭火器具。直到清代从日本引进“消防水龙”以前，唧筒一直是我国最好用的远距离灭火设备。

△ 竹制唧筒（藏于中国消防博物馆）

如果火情严重到无法扑灭，那就只能退而求其次，采用阻燃法限制着火范围，以减少火灾损失。古代盖房的时候会设置防火墙，古人称“封火墙”。其实就是修筑一面高出房屋的空白墙，或者直接将房屋侧面的山墙加高。火灾蔓延至空白墙体处，会因没有可燃物而停止。如果没有防火墙，潜火兵会使用一种名为“麻搭”的救火工具，其实就是在八尺长的竹竿上系上二斤散麻。救火时，潜火兵用麻搭蘸上泥浆来涂抹墙壁以形成防火隔离层，阻止火势蔓延。

如果火势太大，防火墙已经无法起到作用了，这时潜火兵就会使用终极大招——破拆法，将火灾下风向的房屋拆掉一些，使其变成空地，形成防火隔离带，使火焰到达此处后烧无可烧。前文提到的斧锯、大索、铁锚等拆家工具，这时就派上用场了。用大索或铁锚套在房梁或立柱上，众人猛拉即可将房屋拉倒。

因救火而导致自家房屋被拆，这些家庭似乎有点惨。难道只能自己认栽？当然不会。根据《宋会要辑稿》记载，如果因为防火而导致房屋被拆的话，房主是可以申请“国家补偿”的。由此可见，赵宋王朝还是颇为文明的。

穿上火背心，登上云梯，用唧筒射水灭火，这画面是不是有点儿现代消防员灭火的味道？其实古人的生活并不蒙昧，很多现代的事物，在古代就能找到雏形。古人和今人的生活方式，没有本质上的差异，差的只是技术上的进步。

05
古代的人口买卖是合法的吗?

看过《红楼梦》的朋友,可能会对书中提到的“人牙子”这一职业留有印象。第八十回中,薛姨妈一时气急,扬言要卖掉香菱,并说“我即刻叫人牙子来卖了她”。可以推知,人牙子这一职业和人口买卖相关。那么,古代的人口买卖是合法的吗?其具体流程又是怎样的呢?接下来王老师就为大家详细说说。

贩卖妇女、儿童在今天是严重的犯罪行为,情节特别严重的可判处死刑。然而在古代,人口买卖却是一门合法的生意,主要有以下三个原因。

首先,古代的平民有“良民”和“贱民”之分。最初的贱民是奴隶,后世多为罪犯或娼妓、伶人这样的特殊职业者。贱民多充当奴婢,可以像牲口一样被合法买卖。根据《资治通鉴》记载,秦代便有“奴婢之市,与牛马同阑”的现象。

其次，古代社会有人口买卖的现实需求。豪门家庭人口众多，需要大量服务人员。顾炎武在《日知录》里记载，明朝“关中仕宦之家，（奴仆）有至一二千人者”。像《红楼梦》里的贾家拥有上千名男丁与侍女，绝非文学上的虚言。一次性购买奴婢比按年月雇用更为划算。有需求，自然就有市场。古代被买卖的人口中不只有贱民，有的良民之家因天灾人祸也会卖儿鬻女，甚至还有丈夫卖妻子以及妇女自卖的现象。

最后，古代的婚姻制度也需要人口买卖。妾的本质便是奴婢，所以纳妾多靠花钱买。同时，古代流行厚嫁，嫁不起女儿的人家，有的只好将女儿卖掉。有的人家甚至从小就对女儿进行艺术培养，以便长大后卖个好价钱。南宋徐元杰就曾上奏说：“臣看到都城里的人家生了女儿，从小就教授歌舞培养成伶人，算计着女儿长大卖个好价钱，完全没有当父母的心肠了。”可见，这种把女儿当摇钱树的行为在当时同样是受舆论极力谴责的。

人口买卖是特殊交易，买卖双方很难实现直接洽谈。这就催生出了“人牙子”这一职业，从中撮合并收取一笔佣金。“牙人”一词在古代是中介的代名词，房牙子就是房产中介，人牙子就是人口买卖中介。不同于今天的人贩子，人牙子在古代可是一项合法职业。人牙子要有诸多职业技能，首先要口齿伶俐，和媒婆一样能说会道。其次，还要有庞大的社会关系网，能出入大户人家，以便时刻掌握供求信息。《醉翁谈录》中记载了这样一个故事：北宋都城汴京有一个人牙子名叫林三娘，某日得知一位盐商想要转让一个十五六岁的婢女，林三娘立即前往，只看了一眼便断定这位婢女正是霸桥左张官人家所需要的。于是林三娘将其带往张家，张家果然满意，买卖随即成交。就这么小半天的工夫，林三娘就做成了一笔生意，可见其职业技能的高超。

人牙子还要有很强的避险意识，毕竟买卖人口的生意很容易惹上官司。唐朝律令《唐会要》规定：明知被卖者是良人还继续交易的，人牙子要被追究刑事责任；如果存在强行买卖或拐卖行为的，人牙子会被处以绞刑。因此，古代的人牙子都会小心谨慎，尽量避免卷入官司，否则会遭到官府的严厉惩处，甚至搭上性命。

古代的人口买卖具体流程是怎样的呢?

第一步，人牙子接受买卖双方的委托，安排买方“看货”。一般是买方先提出购买需求，如用途、姿色、手艺等方面的要求，然后人牙子按图索骥地去寻找卖方。如果是买女子做厨娘，买方会最看重手艺；如果是买女子做妾，则最看重长相和身材。

第二步，问被卖人的来历和意愿。这一环节是为了保证交易的合法性。如果被卖者来历非法，比如女子是有夫之妇，或者女子本人是被拐卖的，买主今后可能就会官司缠身。当然，这一点需要以人牙子的信用作担保。一旦今后出事，买主就会找人牙子负责。如果被卖人出逃了，人牙子也要承担追讨之责。

最后一步，立契约并在官府备案。契约要在付款后三日内写立，签字后的契约被称为“白契”，拿到官府盖印后成为“红契”。这一步骤相当于今天的交易过户，过户后的红契受法律保护。当然，过户时也要给官府交契税，宋朝时的税率一般为10%。

过户之后交易就彻底完成了吗？还没有。人口买卖还要遵循“听悔”原则，即给买卖双方一个冷静期，一般是三天。如果三天之内反悔，则交易无效，可以无条件“退货”。交易完成后，如果买方满意还会给人牙子一个“好评”，向身边的朋友推荐。可见，古代的人口买卖交易有较完善的规范，程序严谨，售后有保障。

明清时期，江南地区的人口买卖异常火爆，特别是买卖漂亮的婢女。由此催生出一个特殊产业——美女养成，古人称之为“养瘦马”。明朝的张岱在《扬州瘦马》中详细记载了这一产业的情况。人牙子专门收养那些出身贫寒但相貌娇好的女孩，然后精心地进行艺术培养，琴棋书画加舞蹈，样样都要会。这种女孩被称为“瘦马”，因身材苗条而得名。等到她们长到十五六岁时，便可高价卖出。命运好的，卖到大户人家做妾室；命运不济的，可能就沦入烟花场所。扬州是当时最大的商业都市，巨贾云集，瘦马市场需求旺盛，当地很多人家干起了这一行业，这使“扬州瘦马”名扬天下。

06
古代律师为何被人看不起？

在周星驰主演的电影《九品芝麻官》里，有一个讼师名叫方唐镜。他在公堂上向主角包龙星叫嚣“你打我呀”，最后真的就“求锤得锤”了。讼师这一职业在古代颇为普遍，其工作内容相当于今天的律师。然而在古代，讼师其实是一个颇受歧视的职业，这其中有何缘由呢？

讼师的鼻祖可追溯到春秋时期的思想家、“名辩之学”的创始人邓析。他创立的名家学派专门研究逻辑和推理，且擅长辩论，因而非常擅长打官司。根据《吕氏春秋》记载，邓析经常帮民众写状词、打官司，大的案件收一件大衣作为报酬，小的案件则收一条裤子。当时，带着衣服去找邓析求助的民众络绎不绝，其收入足可以开服装店了。尽管当时已有讼师这一性质的职业了，但还没有“讼师”这一叫法。直到宋朝，随着社会发展和市民阶层的崛起，民众维权意识提高，一言不合就打官司，古人称之为“好讼之风”。于是讼师这一称谓开始在宋代出现。在近代西方诉讼制度引入我国之前，讼师一直是律师的代名词。

古代的讼师多来自读书人，特别是那些科举不中当不了官的，很多就当起了讼师。毕竟，讼师帮人打官司不仅得逻辑能力强，还得引经据典，有一定的文化素养。具体地讲，讼师需要以下几个技能。

首先，讼师要了解各种法律条文和诉讼程序，会写各种法律文书。古代并没有专门的政法学校来教这些东西，却有很多讼师职业技能的培训书籍，称为“讼师秘本”。为什么要叫“秘本”呢？首先，古代统治者非常厌恶民众打官司，认为这会导致社会不安定，“息讼”观念根深蒂固。另外，我国古代的法律是统治者意志的体现。早在春秋时期的《左传》就说过“刑不可知，则威不可测”，认为法律的根本作用是威慑民众，民众越不懂法，就越惧怕法律的威严。教人打官司的书只能在民间秘密传播，故为秘本。尽管古代统治者严格限制，但民间秘本屡禁不止。最著名的讼师秘本是明朝的《萧曹遗笔》，此外还有《折狱奇编》《法林照天烛》《霹雳手笔》等十几种。

其次，讼师要有非常好的文笔。讼师方唐镜在公堂之上慷慨陈词，唾沫星子横飞，这在古代是不太可能发生的。因为古代打官司必须是当事人亲自对簿公堂，禁止外人代理，讼师也无法进入公堂。讼师的主要服务方式是在背后给当事人出主意和代写状词。状词是讼师主要的用武之地，最考验讼师的功底，不仅要文笔干练、法条运用精准，还要善于引用儒家经典，因为这样的状词容易赢得儒学出身的官员的信服。

《清代笔记小说类编》就记载了一位浙江湖州的女讼师的故事。这位女讼师外号“疙瘩老娘”，特别擅长引经据典。有一年，江北地区大灾，江北米商就到江南地区收购粮米，江南的米商怕粮米被买光影响自己的生意，故意不卖，双方闹到了官府。江北米商担心当地官府会搞地方保护，就重金请疙瘩老娘代写状词。疙瘩老娘不负众望，写出了一篇慷慨激昂的状词，其中最经典的一句是：“列国纷争，尚有移民移粟；天朝一统，何分江北江南？”这就引经据典地把商业纠纷上升到了政治高度，官员再想偏袒本地人也绝不敢犯“分裂国家”这样的政治错误。最后江北米商胜诉。

还有一位讼师，在一桩债务官司中为债主写状词，将债务人欠钱不还的嘴脸刻画得惟妙惟肖：“昔日借银，释迦口吻；今朝索债，悟空脚跟。”我们今人常说欠款者“借钱的时候是孙子，还钱的时候是大爷”，看来古代的情况也如此，只是古代讼师的描述更为文雅，还不失幽默。

律师还要精通人情世故，要有丰富的生活经验。清代芜湖的一位讼师，为解决兄弟争讼，让兄弟二人对面互唤，一方喊一句“哥哥”，另一方就要应一句“弟弟”，还未叫十声，二人就撤诉了。

这就是利用手足亲情化解争端。当然，这个前提是双方都得“要脸”。现在有些兄弟姐妹为争夺财产，无论法官如何调解，他们也只认钱财而不认亲情。别说叫哥哥了，就算叫爹都不好使。

古代讼师要具备如此多的技能，收入自然也不菲。清朝时，讼师写一份状词要收三到五两银子，涉及死刑大案时要价还会更高。要知道，清朝普通人一年的收入也才十两银子左右，讼师写两三个状词就够了，可见其收入之高。

尽管有文化且收入颇丰，但古代讼师的社会地位不高，颇受舆论歧视，甚至被称为“讼棍”，跟恶棍差不多。这是为何呢？首先，古代统治者反感民众打官司，官员也不愿意处理民众的官司。判得双方都满意很难，有的不服者会越级上访，更有甚者赴京告御状，谓之“京控”，给官员带来很多麻烦。而讼师专门帮人打官司，必然招致整个官方意识形态的压制。其次，有一些讼师贪图金钱，故意搬弄是非，教唆诉讼甚至做伪证，这也败坏了讼师群体的名声。最后，讼师一个月就能赚普通人一年的收入，很让人眼红，容易招黑。其根源在于：古代中国是人治社会，而不是法治社会。讼师的作用是帮助民众用法律武器维护自己的权益，这必然触犯了统治者的利益。毕竟，对专制统治者来说，无知且听话、不懂维权、不知法律能帮自己的民众，才是他们最想要的“好民众”。

07
古代老师的待遇好吗？

现在中小学教师的收入，比过去有了很大的提高。有些发达地区的教师，年薪普遍已达到了二三十万，以至于很多清华北大的毕业生，都竞相去一线城市的中小学当老师。那么在古代，老师的待遇好吗？这一篇，王老师就来给大家介绍一下古代教师的待遇。

古代的教师有两种。一种是官府开设的各级官学的教师，这种教师亦师亦官，享受国家俸禄，相当于今天的公立大学教授，但人数凤毛麟角。古代大部分教师都在私学（也就是俗称的“私塾”）教书，其地位类似今天的中小学教师。历史上最早办私学的是孔子，根据《论语》记载，其所收的学费是“束脩”，也就是十条肉干。后世便以束脩泛指教师的工资。接下来，我们就以私学较为发达的明清时期为例，看看古代中小学教师的待遇如何。

从学生来源看，古代的私塾分为三种类型——散馆、私家私塾和社会私塾。

所谓散馆，是由教师自己开办的学校，学生来馆学习并支付学费。开散馆的教师一般需要很高的学识和声望，多是名儒或退休官员，否则也招不到学生。康有为创办的万木草堂就属于散馆。散馆本质上属于教师创办的私立学校，教师也是老板，工资依据效益而定，没有固定数字。

△ 万木草堂

私家私塾分为两种：家塾和族塾。富贵的人家聘请老师来家里，专门教自家的公子和小姐，这就是家塾。《红楼梦》里，贾雨村就是林黛玉的家塾教师。家塾教师提供的是私人定制服务，服务的对象是富裕阶层，工资自然不会低。清代小说《绿野仙踪》记载，一位颇有学问的举人名叫王献，被一大户人家请去当家塾教师，商定年薪八十两。后来，这户人家嫌工资太高，颇有怠慢之意，王献就收拾铺盖准备走人。另一个大户人家听说后，急忙把王献请去，开价年薪一百两。乾隆年间，中等农户的家庭年收入大约是三十二两。对比可知，当时家塾教师的收入是中等农户收入的两到三倍。

除了支付工资，雇主还要安排家塾教师的一日三餐。日常餐食要保证一荤一素，节庆日子要两荤两素。待遇这么好，对家塾教师的要求自然也很高。像前面说的王献，是举人出身，相当于今天北大清华的毕业生。可见，古代也不乏高学历的教师，而且收入也颇丰。想要当家塾教师，除了有学识外，还要经过“荐馆”这个应聘环节，即获得官员或乡绅朋友的引荐。

所谓族塾，是由一个大宗族开设的学堂，专门教授本族的孩子。族塾教师一般由本族中有学识的人来担任，如果本族中找不到合适的人选，就聘请外人来任教。《红楼梦》里，贾瑞的爷爷贾代儒，就是贾家的族塾教师。族塾的办学经费来自本家族的学田。所谓学田，是古代为办学而专门购置的田产，其收益全部用于学校经费。族塾教师的薪资可参考家塾，但一般不会高于家塾，毕竟族塾教师多出自本族，给的都是亲情价。

△ 古代私塾（出自仇英《村童闹学图》）

再来说说社会私塾，一般也分两种类型：一种是村塾，服务一个村或几个临近的村；另一种是义塾，是地方官绅地主们为贫困学生设立的公益性学校。村塾和义塾教师的聘用要求不如家塾高，薪资也低于家塾。明代《沔阳义塾记》记载：“师则月支米一石，岁给银十两。”换算到今天，相当于每月一百八十斤大米，每年再给一两万元钱。清朝官员栗毓美订立的《义学条规》中，对教师的薪资做出了这样的规定："今拟定修金四十两为大学，三十两并二十五两为中学，二十两十数两为小学。"这里的大、中、小学，指的是学生人数规模，从十到二十五名不等。这两个例子可以看出，明清时期普通教师的收入同中等农户收入差不多。另外，这些学校是不管饭的，教师食宿自理。条件差的私塾，连住的地方都不提供，教师可能要到寺庙借宿。这些学校的日常教学用具开支也要由教师自己承担，最后剩下来的薪资只够教师养家糊口。

古代教师在逢年过节时也会收到"红包"。与今天违规的灰色收入不同，古人给老师的"红包"具有公开的礼节性质，由办学者统一发放，类似节日福利。根据《常熟县儒学志》记载，明朝常熟县塾师收红包的规矩是"清明、端阳、中元节仪各三钱"，加一起大约一两银子，合今天一千多元钱。

和每一个"打工人"一样，古代教师也最怕欠薪，但他们不会拉横幅上访，而是用比较文雅的方式表达不满，比如写诗。明朝的笑话集《解愠编》中就记载了这样一首诗："东君何事太蛮擅，束脯终年不肯还。擎伞遮阴专为热，围炉向火只因寒。"从题材上看，这首诗既非山水田园，也非边塞怀古，可谓自创门派的"讨薪诗"。古代老师连讨薪都这样看重师道尊严，着实有些无奈。

家庭篇

08

古人如何解决“剩男”问题？

在《古代人的日常生活》中，我们曾经探讨了古人解决“剩女”问题的方法。本篇我们再来聊聊古人是如何解决“剩男”问题的，看看古代剩男的出路在哪里。

在古代，特别是明清时期，剩男的数量远多于剩女。根据史料记载，明代浙江“金衢之民无妻者半”。这说法虽有些夸张，但也能说明当时的光棍非常普遍。有学者对我国十八世纪的婚姻家庭类案件中当事人的婚姻状况进行了统计，结果显示：二十五岁以上未婚男子占调查样本总数的15.37%。古代人均寿命较低，男子二十五岁还没结婚就属于剩男范畴了。按这个结果推论的话，当时每六个男子中，就有一个是剩男。

古代为什么这么多剩男呢？根本原因还是这些人太穷，娶不起媳妇。另外，还有如下几个因素：首先，古代实行一夫一妻多妾制度，有钱的男子妻妾成群，占据了大量女性资源，导致分配不均衡。正所谓“旱的旱死，涝的涝死”。其次，古代重男轻女，造成了严重的性别比例失调。男多女少，进一步增加了男子脱单的难度。最后，明清时期的妇女贞洁观念强调女性要从一而终，对妇女再嫁持否定态度，导致大量女性无法继续婚配。总之，古代男人如果穷，最后很可能会被剩下。

漫漫长夜，孤枕难眠。没有现代社会的各种社交媒体，古代的光棍们承受着心理和生理的双重折磨。由于独自一人很难生活下去，古代的光棍会想方设法地谋求各种“特殊婚姻”。

第一种特殊婚姻是买卖婚，即努力赚钱，买个媳妇。和富人家买妾还不一样，光棍买媳妇没那么多讲究，只要便宜就行。这样买来的媳妇，一般是寡妇或者二婚，尤其是寡妇，特别抢手。明清时期，中下层社会经常有“抢孀妇”事件，以至于一些寡妇在丧夫后，会以毁面、割耳、断指等自残行为来表明自己不想再嫁的决心——让你们看见我就想吐，看你们还抢不抢！

第二种特殊婚姻是入赘婚。古代入赘的男子，多数是家庭贫苦无力娶妻的穷人。入赘后，男子的社会和家庭地位都非常卑微。这反映了底层社会的男子在严峻的婚姻形势面前，不得不放弃自己的尊严，甚至违背宗法伦常。详细的介绍可参见本书中的《古代赘婿的处境如何？》一篇。

第三种特殊婚姻是收继婚，即娶自己已故兄弟的遗孀。清末民初的湖北襄阳、甘肃陇西、宁夏径源、安徽贵池和歙县等地就流行这种婚嫁方式。史料记载：“若身故，兄无妻子者，则以弟妇转配其兄为妻；兄故，弟无妻子者亦如之，亲属多赞成无异。”哥哥娶弟媳，弟弟娶嫂子，是古代光棍脱单的捷径。在“穷”面前，光棍没有什么退路可言。

第四种特殊婚姻是交换婚，男子为了娶妻，将自己的姐妹给女方的兄弟做妻，俗称“姑嫂换”。这种互通有无的婚姻方式须满足一个必要条件：家中既要有儿子，又要有女儿。穷人家庭可未雨绸缪，生儿子之后想办法再生一个女儿。这样的儿女配置，能保证女儿嫁得出去，儿子也能娶上妻子。只是婚后的家庭关系有点复杂——丈夫的妹妹是自己的嫂子，妻子的哥哥是自己的妹夫，正所谓“肉都烂在锅里”。未来生的孩子，既要管自己的舅舅叫姑父，又要管自己的姑姑叫舅妈。

以上种种，便是光棍的特殊婚姻。还有大量光棍连这些特殊婚姻都够不上，只能走上私通、寻娼妓抑或性犯罪的道路，最后身心俱毁，甚至惹上人命官司，其人生境遇令人唏嘘。

不同于古代，今天的很多光棍并非娶不起，而是不想娶。无论男女，人们都在追求灵魂上的自由和生活上的独立，不想违心地在生活中将就另一个人，除非遇见了真爱。不过真爱难觅，万一遇不到也别怕，光棍同胞几千万，可绕地球四圈半。

09
古代的彩礼送什么？

当下，人们常常能听到有关天价彩礼的新闻。特别是在一些农村地区，关于结婚彩礼更是有“三金”“万紫千红一片绿”等说法。许多家庭因彩礼不堪重负。在2020年颁布的《中华人民共和国民法典》第一千零四十二条明确规定“禁止借婚姻索取财物”。那么，古代的彩礼多吗？都送些什么呢？本篇我们就来梳理一下彩礼的历史。

所谓彩礼，是指男方在婚前以结婚为目的赠送给女方的财物，古人称之为“聘礼”。古代婚礼有六个环节，即“婚姻六礼”，其中有一个专门送彩礼的环节，叫作“纳征”。（详细内容可参见《古代人的日常生活》中《古人结婚难吗？》一篇）《礼记》里有“非受币，不交不亲”的说法，意思是如果不给彩礼，双方都不能进一步接触。这说明古人非常重视彩礼，将其视为婚姻成立的重要环节。在某种程度上，一旦送出了彩礼，就标志男女之间的婚姻关系已经基本成立，就差个仪式了。古人既然如此重视彩礼，那送的数量是不是就很多呢？这个问题，就要分时代和阶层来具体分析了。

先秦时期，人们更注重彩礼背后的美好寓意，不太讲求经济价值和数量多少。《仪礼·士昏礼》规定了士大夫阶层的彩礼内容：玄纁（xūn）束帛和俪皮。束帛是捆为一束的五匹帛，当作为彩礼时，这五匹帛的颜色必须为玄纁两色，即黑色和红色。黑色代表上天，主阳；红色代表大地，主阴。这两种颜色合在一起寓意阴阳结合，表示婚姻顺应天命。俪皮指鹿皮，一般要送两张，古人也讲究好事成双。之所以送鹿皮，是因为鹿在野外常成群出现，常给人一种子孙繁盛的印象。古人有生殖崇拜的思想，送新人鹿皮是祝福他们在日后像鹿群一样子孙旺盛。当然，如果古人知道翻车鱼一次产卵可达三亿颗的话，可能就送翻车鱼了。

大雁也是古人喜欢送的彩礼。婚姻六礼中，有多个环节都和大雁相关。古人为何如此执着于大雁呢？首先，大雁是守时模范，每年春天向北飞，冬天又向南飞，周而复始。这种守时的作风正是婚约要遵循的原则——准时来娶我，别晃点人家。除此之外，还寓意婚后丈夫要准时回家，不要夜不归宿或者回了别人家。其次，民间认为大雁一生只有一个配偶，象征着忠贞不渝的爱情。最后，大雁迁徙时非常重视队形——“一群大雁往南飞，一会儿排成个‘人’字，一会儿排成个‘一’字。”这种对秩序的重视，正符合家庭生活中夫唱妇随、和睦有序的美好愿望。

△ 古画中的大雁（出自《宋人画秋塘双雁图》）

先秦平民阶层的彩礼虽不像士大夫阶层有那么多讲究，却也很重视美好的寓意。《诗经》里最常见的平民彩礼是鹿皮、桃和花椒。是的，花椒也能作为彩礼，但这并不是在暗示妻子今后要多下厨房，而是表达对子孙兴旺的美好愿望。因为花椒的果实是成串的、一粒粒的，数量非常多，象征着“多子”。由此可见，古人对婚姻的期望其实非常朴实无华——加油生孩子。

到了汉朝，彩礼的内容变得丰富了，特别是富贵人家。既有寄托美好寓意的礼物，比如象征夫妻关系如胶似漆的胶和漆，以及鸳鸯、合欢铃之类；还有一些生活必需品，比如生火用的阳燧、写字用的丹青，还有清酒、粳米等食物。据统计，汉朝的彩礼种类合计有三十多种。

除了送东西，汉朝人还开始送钱了，天价彩礼的罪恶之门就是在汉朝打开的。汉朝官员阶层娶妻最低的彩礼数目是两三万钱，相当于一位刺史一年的俸禄。高级官吏的彩礼数更是水涨船高。《后汉书·列女传·皇甫规妻》记载，董卓想娶皇甫规的遗孀，出的彩礼是“軿辎百乘，马二十匹，奴婢钱帛充路”。这个彩礼的价值在百万钱以上，即便是当时的丞相，也要领十年的俸禄才能赚回来。

到了唐朝，彩礼的种类更是五花八门。《敦煌文书》记载了当时一个送聘礼队伍的配置：走在最前面的是两匹马，紧跟着的是两个车轿乘具，接下来是布帛和钱财，再接下来是猪羊、糕点等食品，最后是油、盐、酱、醋、花椒、葱、姜等调料，可谓“十里红妆”。这个彩礼队伍不仅有牌面，还很有味道，估计十里之外都能闻到，如果不说是彩礼队伍的话，还以为是卖十三香的来了。

古代送彩礼最“豪”的，当属宋朝。南宋《梦粱录》中记载“富贵之家，当备三金送之”，可见宋朝就已经有“三金”的说法，分别指戴在手腕的金钏、戴在脚腕的金镯，以及挂在霞帔礼服上的黄金饰品。即便是平民百姓之家，彩礼也包含银锭、布帛、鹅、酒、茶饼等物。值得注意的是：这时的彩礼没有大雁了。这是因为野生大雁不易得，于是换成了家养的鹅。苦命了千年的大雁终于可以放心地飞翔了。与更注重彩礼寓意的先秦和汉朝相比，宋代的彩礼更注重实用性和经济价值，不玩虚的，只要实的。

这么昂贵的彩礼，如果悔婚了，彩礼能否退还呢？这就要看悔婚的过错方在谁了。明朝的《大明律》规定：如果男方有过错，就不能要求退还彩礼；如果女方有过错，那么男方可以要求退还彩礼。看来，古代法律也会防范女方以结婚的名义来骗取彩礼。

天价彩礼在汉朝的官宦阶层中出现，在宋代开始全民流行。有人可能会想：如果能穿越回宋朝，我一定要多生几个女儿，光是收彩礼就可以发家致富了。抱歉，你想多了，与彩礼相比，宋代的嫁妆更夸张！咱们下一篇就来仔细讲一讲。

△ 迎亲人员将彩礼举过头顶（出自仇英《清明上河图》）

10
古代的嫁妆送什么？

婚姻论财，是宋代婚姻的重要特征。究其根源，在于士族门阀制度的瓦解。门阀制度形成于东汉后期，兴盛于魏晋南北朝时期。在门阀制度下，人的社会地位取决于他的家庭门第出身。士族天生就是贵族。他们不与庶族通婚，以保证血统的高贵纯洁。唐朝时，科举制盛行，选官看才学而不再看门第，庶族从而崛起，门阀制度逐渐瓦解。到了宋代，婚姻虽讲求门当户对，但判断门户的依据不再是门第，而是地位和财富。在这种社会风气下，宋代不仅彩礼丰厚，嫁妆则更“豪”。

嫁妆在古代被称作“奁（lián）产”，“奁”的本意是女子的梳妆盒，其形制是一个带有盖子的圆形木盒，里面分成很多盛放化妆品的格子。由于奁是女性专用并且随身携带的东西，古人将其引申为女子的嫁妆，非常形象贴切。

△ 汉朝彩绘龙纹漆奁（藏于安徽博物院）

古代女子的嫁妆主要有两个来源：一是男方给的彩礼，女方要以嫁妆的形式再陪嫁过去；二是娘家额外准备的陪嫁奁产，其中父亲准备的占大头，其次是生母准备的。如果你的生母是正妻，而她当年嫁过来时也带来了丰厚的奁产，因此能给你准备丰厚的嫁妆；如果你的母亲是妾室，她自己当年都是被买过来的，因此能给你的嫁妆也没有多少。另外，奶奶和姑嫂也可能为你准备一份嫁妆，具体有多少就要看你的受宠爱程度了。一般来说，父亲会一视同仁，无论嫡庶，准备的嫁妆都差不多。而来源于生母、奶奶、姑嫂的嫁妆，差距就很大了。在电视剧《知否知否应是绿肥红瘦》（本书之后出现时均简称“知否”）的原著小说中，嫡女华兰出嫁的嫁妆非常丰厚，妾室林姨娘见状，就想让夫君盛纮给自己的庶出女儿墨兰也准备等量的嫁妆，但盛纮却说：墨兰是自己的骨血，他这份自然不会少，但大娘子和老太太要添置多少，他也管不了。

嫁妆包含了男方家的彩礼，所以数量一定会超过彩礼。在宋代，嫁妆通常会是彩礼的两倍。南宋吕祖谦所订《宗法条目》就规定："嫁女费用一百贯，娶妇五十贯，嫁资倍于娶费。"这就以家族法规的形式确定了嫁妆要高于彩礼一倍的原则。如果是豪门富家女，嫁妆会更丰厚。

厚嫁之风在今天的闽南地区依旧盛行，陪嫁物常常有豪车、商铺、黄金，以及动辄百万的现金。这种厚嫁风气可能沿自宋朝。根据南宋《梦粱录》记载，嫁妆的基本内容包括"房奁、首饰、金银、珠翠、宝器、动用、帐幔等物，及随嫁田土、屋业、田园等"。可以看出，嫁妆不仅有金银细软，还有生活器具，以及不动产，难怪苏辙含泪写下"破家嫁女"（具体内容参见《古代人的日常生活》中《古人结婚难吗？》一篇）呢！

如此丰厚的嫁妆，婚后归妻子私有吗？传统的伦理道德中，并不提倡女子有私产。《礼记·内则》就说："子妇无私货，无私蓄，无私器。"但是在现实中，丈夫一般不会动用妻子的奁产，即便万不得已需要用奁产渡过难关，也会征求妻子的同意。宋代词人叶梦得，为了给妹妹筹办嫁妆而向朋友借贷。他的妻子得知后，主动拿出奁产给丈夫用。丈夫宁可借钱，也不愿动用妻子的奁产，一来说明奁产的实际支配权归妻子所有；二来说明古代男子是比较

“要脸”的。

如果妻子死了，奁产将归给丈夫。《宋刑统》明确规定：“妻虽亡没，所有资财及奴婢，妻家并不得追理。”而如果死的是丈夫，奁产如何处置呢？妻子若能为丈夫守节留在夫家，奁产连同丈夫的财产，都归妻子所有，这实际上是鼓励女子守节。那如果妻子改嫁或者回娘家归宗呢？在《名公书判清明集》里就有这样一个判例：丈夫徐氏去世，妻子陈氏要带走奁产，夫家不允，双方闹到了官府。官府认为：如果夫妻俩没有子女，妻子在丧夫后带走奁产是可以的；但他们已经有四个子女了，奁产就该分给子女，不能由妻子带走。从这个判例可以看出，妻子是否能带走奁产，取决于有无子女，这实际上是对子女的一种保护。

看到这里，肯定会有朋友好奇：夫妻在一起生活久了，还能分清楚哪些是奁产吗？还真能。古人结婚前，男女双方会交换一份重要的文书——定帖，上面会写明男女本人及各自家庭的详细情况。女方的定帖上除了个人基本信息，还要写清陪嫁奁产的种类和数量，这相当于做婚前财产公证。如果今后出现财产纠纷，就以当年的定帖作为奁产确认的依据。看来，古人早就知道婚前要留一手。

11
古人怕老婆吗？

三纲五常是封建礼教的核心，也是古代家庭关系的规范准则。所谓三纲，即“君为臣纲，父为子纲，夫为妻纲”。按照三纲要求，丈夫在夫妻关系中处于绝对的主导地位，妻子只有服从听命的份儿。然而，在古人的真实生活中，情况并非完全如此，古人也有怕老婆的现象，即今人常说的“妻管严”。

古人怕老婆被称为“惧内”，俗称“季常癖”或“季常之惧”，得名于宋人陈季常。陈季常是苏轼的好朋友，喜好音律。陈季常的老婆柳氏是一个悍妇。一日，陈季常邀请苏轼等一众好友来家宴饮听曲，宾主都唱嗨了。柳氏见状很生气，就用棍子在隔壁敲墙，暗示深夜了，宴会该结束了。陈季常被吓得一哆嗦，脑袋嗡嗡作响，宴会瞬间曲终人散。苏轼还为此特意写了首诗调侃，诗云：“龙丘（陈季常的号）居士亦可怜，谈空说有夜不眠。忽闻河东狮子吼，拄杖落手心茫然。”苏轼将柳氏的彪悍比喻为“河东狮子吼”，相当于今天的“母老虎”一词。后人遂用“河东狮吼”来形容悍妻。五百多年后，明代剧作家汪廷讷将此事改编成戏剧，名曰《狮吼记》。有一部由古天乐和张柏芝主演的电影，名字就叫《河东狮吼》。陈季常因妻管严而“名垂青史”，也算得上是另类了。

《太平广记》则记载过另一个故事：有一位名叫李廷璧的军官，在外面喝了三天三夜，老婆怒了，放出话来：等他回家我要宰了他！吓得李廷璧只好向上司请假，躲到寺庙里住了好几天。

△ “河东狮吼”典故雕塑（位于湖北省麻城市歧亭镇杏花村）

不光普通民众怕老婆，万人之上的皇帝也一样。最怕老婆的皇帝当数隋文帝。独孤皇后不允许他纳嫔妃，只设置了一些低品秩的小妾。什么后宫佳丽三千，在隋文帝这儿根本不存在，宠爱只能集于皇后一人。在后宫这方面，隋文帝是历史上最憋屈的皇帝了。但他心态很好，非但不生气，还时常宣讲一个老婆的好处——“五子同胞，无异生之子。”皇子们因此没有嫡庶之分。

然而，再老实的猫也会偷腥。有一次，隋文帝没忍住，临幸了一位宫女。皇后大怒，趁他上朝时把这位宫女杀了。隋文帝得知后，被气得“离宫出走”。《隋书》记载：“上由是大怒，单骑从苑中而出，不由径路，入山谷间二十余里。”看来隋文帝是真的很委屈，不然也不会慌不择路地跑到深山老林里去。隋文帝一生南征北战，一统天下，却很怕老婆，可谓“见敌如虎，见妻如鼠”。

隋唐时期，受胡风影响，女性地位相对较高，屡见不鲜的惧内现象可以理解。然而，到了女性地位明显下降的明清时期，惧内现象并未明显减少，明清小说中就有大量的相关记载。在明末清初的小说《醒世姻缘传》中，妻子薛素姐对丈夫的鞭打、罚跪不过是家常便饭，此外还有针刺、蚊咬、囚禁、画符、诅咒等刑罚，甚至还会“以箭相射”。其手段之残忍，简直比容嬷嬷还要猛！

在小说《红楼梦》里，王熙凤的丈夫贾琏也是一个典型的“妻管严”。贾琏每次外出，王熙凤总是嘱咐随从小厮进行严密监视，严防贾琏在外面拈花惹草。贾琏回来后，王熙凤还要检查行李，仔细搜寻是否有其他女人的可疑之物。书中另一位比王熙凤更甚的女人是薛蟠的妻子夏金桂。凭着强硬的手段和心计，她硬是把薛蟠这个胡作非为的“呆霸王”给降服住了，足见其悍妇功力。

古人怕老婆的现象存在于各个历史时期，遍布于各个阶层。那么，在男女地位不平等的古代，为什么会出现如此多的惧内现象呢？清代小说《八洞天》的作者“笔练阁主人”给出了很通透的解释。他认为，古人怕老婆无外乎三种原因——势怕、理怕、情怕。

所谓势怕，是因为妻子娘家的势力大。中国古代婚姻有很强的社会属性，婚姻不仅是男女双方的个人行为，更是两个家族的社会行为。女方的家族势力、政治背景，直接导致惧内现象的出现。比如在《红楼梦》里，与其说贾琏怕王熙凤，不如说是怕其背后的金陵王家。王熙凤的叔叔王子腾，官至节度使，是四大家族里少有的当朝实权派，是贾琏绝对不敢得罪的。

所谓理怕，是指妻子在理。这里的理，可能是因为妻子在家族的发展和丈夫的事业方面有着巨大的贡献，也可能是指丈夫之前有错在先，有把柄被妻子攥在手里，导致丈夫理亏，不敢造次。这个道理今天也说得通。比如丈夫出轨被老婆发现了，即便得到了原谅，今后在老婆面前也多不敢造次。因为丈夫有理亏之事，硬气不起来了。当然，个别不知廉耻的丈夫除外。

所谓情怕，缘于感情的自然流露——爱妻之美，怜妻之少，惜妻之娇。谁娶个娇妻不珍惜呢？娇妻生气了，谁又不害怕呢？此生谦让，并不是因为我怕你，而是因为我真的爱你。

12 古人真的会“宠妾灭妻”吗？

近年播出的电视剧，有不少聚焦于宫斗和宅斗的主题。这些电视剧为了突出故事情节的矛盾冲突，常常会塑造一些骄横跋扈的妾室形象，如《知否》中的林小娘和《甄嬛传》里的华妃，以至于“宠妾灭妻”成为一个热门的话题词语。那么问题来了：古代真的存在“宠妾灭妻”这种现象吗？

探讨这一问题，首先要理清妻和妾的区别。前面说过，中国古代的婚姻实行一夫一妻多妾制度，尽管妻和妾都是夫君的伴侣，但是二者的地位差距极大。简单地说，妻和丈夫是平等的，是家中的女主人；妾则是奴仆，本质上是生育工具。（详细区别可参见《古代人的日常生活》中《古代的婚姻制度（下）》一篇）妻妾之别犹如天地之差，不可僭越，决不可妻妾失序。《唐律疏议·户婚律》规定：“诸以妻为妾，以婢为妻者，徒三年。”宋朝承袭了唐律，贬妻为妾、以妾为妻，都要判处徒刑。明朝的《大明律》更狠，规定："妻在，以妾为妻者，杖九十，并改正。若有妻更娶妻者，亦杖九十，离异。"要知道，直接打九十大板是能把人打个半死的。因此，即便是妻子去世了，丈夫也不可以将妾室扶正为妻。一日为妾，终身为妾，偏房永远不可能上主位。当然，现实生活中也有少数将妾室扶正的现象，毕竟家里的事，民不举官不究。但这种事在法律上绝对得不到支持，社会舆论也会对此嗤之以鼻。

正是因为妻妾身份和地位差距悬殊，所以古代家庭关系中很少有"宠妾灭妻"的现象。恰恰相反，"宠妻灭妾"倒是很常见。在现存的古代文献中，有不少关于妻子虐待妾婢的记载。

宋代洪迈所著的《夷坚志》一书，记载了大量宋代社会风俗和家庭生活故事，其中有不少就是关于妻妾冲突的内容，而且都是妻子虐待妾婢的情形。如《蜀州女子》一篇，妾室死后成鬼，其自述无比凄惨："妾本汉州段家女，许适同郡唐氏。将嫁矣，而唐氏以吾家倏贫，竟负元约。既不得复嫁，遂卖身为此州费录曹妾。不幸以颜色见宠于主人，为主母生瘗于地下。"这位段氏女鬼，命运悲惨，早年婚约被毁，无奈卖身做小妾。因貌美被男主人宠爱，遭到正妻嫉妒，最后竟被活埋。

《宋人轶事汇编》中也有宠妻灭妾的记载。宋人周必大，官至宰相，其妾室因受宠而遭到妻子的嫉妒，被妻子用绳索拴在周家的庭院之中，暴晒于烈日之下。周必大是个"妻管严"，不敢上前制止，只能偷偷给爱妾弄点水喝，就这还受到了妻子的奚落和讽刺。

可能有的朋友会疑惑：妻子如此虐待妾室，如果弄死人了，不怕偿命吗？还真不怕。按照唐宋的法律规定，妻子杀死妾婢，顶多是判一年徒刑。倘若妻子能证明自己是失手误杀，则只须赔钱了事。所以，现实生活中的小妾，每天得小心翼翼地活着，如果敢像林小娘那样天天对着大娘子冷嘲热讽，说不定哪天就被“失手”活埋了！

如果妾室生子了，可能会遭到妻子更强烈的嫉妒。前面讲过，古代的嫡庶差距不大，嫡子和庶子有平等的财产继承权。妾室之子将来会瓜分自己儿子的财产，这更让妻子憎恶妾室。宋人郭彖在志怪小说《睽车志》中记载了这样一个故事：盐官马中行的妻子彪悍且忌妒心极强，家中一妾婢产子，孩子刚刚断奶就被她沉塘溺死。这还不解恨，她又强迫妾婢喝下滚烫的粥，最后妾室因肠道烫伤而悲惨地死去。

由此可见，古代妻妾关系的常态是妻子压制妾室，妾室是不敢跟妻子争风吃醋的。但是在现实生活中，“宠妾灭妻”现象也并非完全没有。这种情形的出现，要么是妾室借助丈夫的恩宠，要么就是妻子太软弱。《名公书判清明集》中就有这样一个案例：黄定有一个美貌的侍妾桂童，因为生了个儿子而获得了男主人的宠爱，凭此和黄定正妻开始了“宅斗”。有一次，妻妾矛盾闹到了男主人黄定那里，结果黄定荷尔蒙发作，偏向侍妾，二话不说就将妻子一顿毒打，这是实实在在的“宠妾灭妻”。

但是，古人对这种宠妾灭妻的行为是坚决持否定态度的，古代律法会坚定地站在妻子一方，以维护社会的纲常伦理。上面说到的黄定“宠妾灭妻”一事，后来就闹到了官府。官府审理后，判令黄定在限期内将侍妾桂童改嫁他人。至于桂童生的孩子，她是不能带走的，需要请乳母抚养。

此外，古代社会舆论也不允许“宠妾灭妻”。在古人眼里，这种行为是严重的“生活作风问题”，会被贴上“丧失理想信念”和“道德败坏”的标签，本人仕途会被毁掉，相当于社会性死亡。《知否》里的男主人盛老爷，身份设定属于士大夫阶层，应该十分珍惜自己的名声和仕途，所以在现实中，他是一定不会冒天下之大不韪而“宠妾灭妻”的。

13
古代嫡庶的差距大吗？

很多人以为中国古代的婚姻制度是“一夫多妻制”，实际上，这种说法并不准确。正确的说法是“一夫一妻多妾制”。妻子只能有一个，剩下的都是妾，就连皇帝也不例外。妻和妾不仅地位差距极大，不可僭越，其生下的孩子也有嫡庶之别。

当下的一些文学和影视作品，把嫡庶之间的差距描述得非常大，甚至把这种差距作为故事情节的主要线索。受此影响，网络上还出现了捍卫嫡庶之别、认定嫡出一定高贵的“嫡庶神教”。然而实际上，古代的嫡庶差距并没有那么大。究其根源，在于我国古代奉行的是“从父法则”。

所谓从父法则，是指孩子的身份阶层和社会地位取决于孩子的父亲，而与母亲无关。也就是说，你的父亲是贵族，你出生就是贵族；你的父亲是“贱民”，你生下来就是“贱民”。这里的“贱民”并不是骂人的话，而是指古代最低的社会等级，低于士、农、工、商等阶层。贱民的户口为贱籍，他们不能参加科举考试，受到各种政治歧视。古代以唱歌跳舞为业的优伶就属于贱籍。这种贱籍是随着父亲的身份世代相传的，只要父亲是贱籍，其子孙后代永远是贱籍。如果母亲是贱籍，但被贵族收为妾室，那生下的孩子是随父亲为贵族的。比如康熙的第八子爱新觉罗·胤禩（yìn sì），其母是辛者库（皇家的奴婢组织）奴婢，属于贱民阶层。但由于胤禩是皇帝的儿子，因此他被封亲王，位列贵族行列。

古代的朝鲜王朝就奉行从母法则，孩子的身份地位取决于其生母。朝鲜王朝之所以这样做，缘于一场王族内部的嫡庶之争。太祖李成桂宠爱妾室康氏，将庶出的小儿子李芳硕立为世子（继承人），这等于废嫡立庶，引发了王后所生的嫡子李芳远等人的不满。最终，李芳硕等庶子被杀，李芳远继承王位，即朝鲜太宗。太宗继位后，鉴于历史教训，规定了“贱者随母”的从母法则，狠狠地打压了庶出子女。因此在朝鲜王朝，嫡庶差距极大。一家之内，贱民母亲生的庶子，要将嫡出的兄弟姐妹当作主人侍奉，地位如同家奴一般。与之相比，奉行从父法则的古代中国就没有这种现象，嫡庶双方都是亲兄弟。

在中国古代的家庭关系中，子女无论嫡庶，在宗法上都是父亲与正妻的儿女。妾室在本质上只是代孕工具和保姆奶妈，亲生儿子也不能称呼自己的生母为“妈”或“娘”。在《儒林外史》

里，严监生妾室所生的孩子只能称呼正妻王氏为“娘”。由此可见，无论妾室的地位多么卑贱，都不影响其所生的子女是“主子”和“千金”。

那是不是说古代就没有嫡庶差距了呢？也不是。嫡庶差距会随着阶层和时代的不同而发生变化。

从阶层上看，越是贵族，嫡庶差距就越明显，因为贵族有爵位要继承。古代中国实行宗法制，爵位一般由嫡长子继承，庶子是没有机会的。在一些彰显家族身份的特殊场合，嫡子的地位也要比庶子高一些，例如，家族的祭祀活动一般就是由嫡子主持的。

从时代上看，嫡庶差距随着时间的推移越来越小。先秦时期嫡庶差距较大，因为那时候有分封制，必须明确嫡庶顺序。从汉朝到南北朝，士族势力强大，他们重视血统纯正，所以嫡庶差距依然不小。唐朝以后，士族衰落，血统和门第观念变淡，嫡庶差距开始逐渐缩小，最后几乎可以忽略不计了。

有的人可能会质疑：你说得不对，《红楼梦》里庶出的贾环，地位为什么就比嫡出的贾宝玉差那么多呢？是的，嫡庶双方的地位在伦理与法律上没有多大差距，但现实中由于存在血缘关系的远近，情感上还是有亲疏之别。只不过这种差距是主观情感上的，而不是制度规定下来的。另外，贾环的不受待见，更多是与他那猥琐的性格和低下的品德有关。同样是庶出的探春，在贾府的地位就丝毫不逊色于嫡出的子女。甚至在王熙凤养病期间，探春还被委以管家重任，完全没有因为庶出的身份而显得地位卑微。

所以说，古代存在嫡庶差距，但并没有影视剧中表现得那么夸张。特别是在平民阶层，想纳妾都很难，哪里还会有嫡庶差距呢？那些言必称“嫡子”的人大可不必想太多，除非你家有皇位要继承。话说回来，即便真有皇位要继承，在清朝时期，嫡庶差距也没有那么重要了，例如，当了雍正皇帝的爱新觉罗·胤禛（yìn zhēn），就不是康熙的嫡子。

14
古人如何分财产？

如果想知道你在某个人心目中的地位，最俗气却又最有效的判断方法，可能就是看这个人是否愿意给你钱花。子女之于父母往往也是如此：诸多孩子中，受宠爱的往往能继承更多的财产。那么，古人是如何分财产的呢？嫡庶继承的财产有差别吗？女儿和私生子能继承财产吗？本篇咱们就来详细说说。

首先我们要弄清楚古人都能继承什么，通常有三样东西：宗祧（tiāo）、爵位、财产。宗祧的原意是宗庙，后来指家族的祭祀权，象征着宗族内的核心权力。爵位继承的内容包括封地、爵位以及恩荫（因祖辈有功而获得的特殊待遇）的官职。宗祧和爵位的继承通常采取嫡长子继承制，这两种继承内容所涉及的家庭非常少，除非你家人是皇室或官宦贵族。因此，对大多数家庭来说，最重要的继承内容还是财产。

很多人以为古代的嫡庶在财产继承权上的差距很大，其实这是一个误解。从汉代开始，古人在分配财产时就遵循“诸子平分”的原则。唐朝开元年间的《户令》规定：“诸应分田宅及财物，兄弟均分。”所有的儿子，不分嫡庶，都能获得等额的财产。如果某个儿子死得早，就由这一房的孙子继承。

但在现实的继承中，嫡子获得的财产份额往往会多一些，这是因为他们分到了生母当年的嫁妆财产。《户令》规定：“妻家所得之财，不在分限。”也就是说，妻子的嫁妆财产不能均分给所有儿子，而由她自行决定给谁，并且通常都会给自己的亲生儿子，庶子连根针都分不到。庶子的生母是小妾，当年是买过来的，没有嫁妆财产可言。即便平日里积攒了一些，也和正妻的嫁妆比不了。康熙年间的状元彭定求在分家产时，两个嫡子各分到了两百亩土地，三个庶子各分到了一百二十亩土地。嫡子多分到的土地便是其母亲带过来的嫁妆。另外，族产也只能由嫡长子继承。但这个财产是不能随意买卖的，只能作为家族共有财产由下一代继承。

古代重男轻女，女儿是不是啥也分不到呢？这也是一个误解。古代的女儿也有财产继承权。南宋依《唐律》规定：“父母已亡，儿女分产，女合得男之半。”父母去世的时候，如果女儿尚未出嫁，她可以获得儿子所获财产份额的一半作为未来的嫁妆。如果女儿已经出嫁，就分不到啥了，因为当年出嫁时已经置办过嫁妆，不能再继承财产了。

如果是没有儿子的户绝家庭，女儿可以继承的财产份额就多了。未出嫁的女儿最多可以继承全部财产，已出嫁的女儿可以继承三分之一。为了保护女儿的继承权，户绝家庭一般会提前招个赘婿来支撑家门，防止死后被“吃绝户”。

最后，我们再来说说私生子的财产继承问题。古代的私生子又称“别宅子”，是指男主人与外人通奸所生的孩子。注意，这里的通奸对象指的是外人，如果是和家中的婢女发生私情，婢女所生的儿子属于庶子范畴。古代的私生子也有财产继承权。《大明令·户令·子孙承继》规定：“不问妻、妾、婢生，止依子数均分；奸生之子，依子数量与半分。”也就是说，私生子可以获得婚生子份额减半的财产。这个规定照顾了私生子的基本人权，还挺人性化的。

以上所说的财产继承原则，都是法定的继承顺序，也是一般家庭的继承情况。还有一种情况可以打破这种顺序，那便是遗嘱继承。在宋朝，随着商业的发展和市民阶层的壮大，私有财产权的观念日益凸显，人们在处理遗产分配的问题时，更加尊重个人的意愿。《宋刑统》规定：“若亡人遗嘱证验分明，并依遗嘱施行。”宋代的遗嘱继承，一般只限于户绝家庭。非户绝家庭，除非儿子有“生不养”等不孝行为，否则遗嘱也不能剥夺其继承权。法律之所以这样规定，是防止男主人晚年老糊涂被妻子或小妾忽悠，故意冷落某个儿子。

电视剧《知否》中，也表现了宋朝遗嘱继承的法律效力。顾廷烨的外祖父是扬州的一个大盐商，非常富有。外祖父没有儿子，去世后，白家宗族的侄子们要继承他的遗产。但是，作为外孙的顾廷烨最终凭借外祖父的书信遗嘱继承了全部遗产。当顾廷烨在葬礼上拿出这份书信遗嘱时，受到了当地知州和乡绅的认可。可见，《知否》的作者是做了一些历史功课的。

15
古人是如何“吃绝户”的？

在古代，没有儿子的家庭在法律上称为“户绝”，俗称“绝户”。古人讲：不孝有三，无后为大。在宗法制社会下，没有儿子的后果是很严重的。不仅是家族宗嗣会传承中断，家庭财产也会被亲戚“吃绝户”。那么到底什么是“吃绝户”？古人又是如何“吃绝户”的？

所谓吃绝户，就是指户绝家庭男主人死后，宗族亲戚们前来瓜分家庭财产，欺负孤儿（女儿）寡母。造成吃绝户现象的社会根源主要有三。一是宗法制社会下，女儿被认为是“外姓人”。一个家庭如果没有儿子，财产就没人继承了，就应该归宗族共同所有。所以宗族亲戚来瓜分，被认为是理所应当，是“肥水不流外人田”。二是女子柔弱，即便法律承认女儿有继承权，女子也很难阻挡亲戚的暴力抢夺。实际上，吃绝户就是欺负绝户家里没男人。三是吃绝户恶习的盛行，也源于官府的不作为。明清时期，宗族势力强大，官方的社会管理只能延伸到县一级，乡村主要靠宗族的族规维护。以至于明清时期有“政令不下乡”的说法。乡村秩序由宗族维护，吃绝户行为又被认为是维护宗族利益，所以官府和法律很难干涉。

古代吃绝户具体有哪些方式呢?

最简单粗暴的方式是直接抢夺。男主人一死，亲戚们就会像苍蝇一样赶过来，八竿子打不着的亲戚都会趁机来捞一笔。他们见啥拿啥，甚至连锅碗瓢盆都不放过，那场面如同搬家一样。面对亲戚的抢夺，寡妇和女儿只能眼睁睁地瞅着，甚至有的被逼自杀。“秦淮八艳”之一的柳如是，就是因为丈夫去世后亲戚抢夺财产而愤恨自杀的。

稍微文雅点的方式是吃流水席。男主人一死，亲戚就会借吊唁之名逼迫事主家摆流水宴席。这种流水席会持续两三个月，周围的乡亲也会来凑热闹，把绝户家当作免费大食堂，直到吃光全部财产。事主家不主动摆流水席也没事，乡绅会帮着死者把家里的田产变卖掉，用这笔钱来摆流水席。

最道貌岸然的吃绝户方式，是给绝户强行过继一个儿子，让过继子来继承财产。实际上，这也是变相的吃绝户行为。这种方式，多见于死者的直系亲属间，比如兄弟。在绝户者生前，兄弟就会把自己多的儿子过继过去，让他将来继承叔叔的财产。绝户者是不敢拒绝的，否则死后的下场会更惨。毕竟，有过继子，还能延续家庭的存在，至少遗孀能由过继子来赡养。

明清时期，吃绝户现象普遍存在于各个社会阶层，官宦人家也逃不过。小说《醒世姻缘传》就记载这样一个故事。晁夫人是官员的妻子，自己还被封了个“诰命夫人”。不曾想，丈夫刚死，儿子也死了，自己成了绝户家庭的寡妇。很快，亲戚们的“搬家公司”赶来了，家具和粮食统统被拿走，丝毫不顾及“诰命夫人”的名头。家里的佣人上前劝阻，还被亲戚们殴打。最后，因为小妾怀有丈夫的遗腹子，有生男孩的可能，生男孩就不算绝户了，所以晁家才暂时逃过一劫。

《红楼梦》里的林如海家也是典型的绝户。所以他早早就将林黛玉送进贾府，就是希望女儿今后有贾家庇护，以免自己死后被吃绝户。林如海死后，贾琏护送林黛玉回家料理后事，将财产全部转移至贾府。实际上，林如海家最后是被贾家变相吃了绝户的。这笔绝户财吃了多少呢？《红楼梦》第七十二回给了线索，贾琏在该回目中说了一句“再发个三二百万财就好了”。这三二百万两的财，应该是指林如海的遗产，其购买力折合今天十几个亿的人民币。怪不得红学家分析推测，贾府修建大观园就是动用了林如海的遗产。

那么，古代的没有儿子的家庭，是否有办法防范被吃绝户呢？有的，首先可以抱养个儿子。宋朝开始，抱养的儿子和亲生儿子有一样的继承权。注意，这里是抱养，而不是过继，过继子只能继承财产的三分之一，其余要上交国家。因此，对只有女儿、没有儿子的绝户家庭来说，防止被“吃绝户”的最好办法是给女儿招个赘婿。那么，古人如何招赘婿呢？请看下一篇。

16
古代赘婿的处境如何?

所谓赘婿，就是上门女婿。与传统婚姻模式中女方嫁入男方家生活相反，赘婿要“嫁”入女方家生活，也就是“入赘”，今人俗称“倒插门”。《说文解字》中，“赘”解释为“以物质钱”，意思是用物品抵押换钱。先秦时期，穷人家会将儿子卖与他人，称其为“赘子”。“赘婿”一词就是在此基础上引申出来的，其实质如同奴婢，由此可见赘婿地位之低。

赘婿的历史很悠久，在战国末期就普遍存在了，特别是在秦国。秦国实行商鞅变法后，要求男孩长大了必须成家并分出去过，以此鼓励生育。有些人的家庭比较贫困，娶不起媳妇，政府会鼓励他们入赘到别人家。由于通常只有生活贫困的人才会入赘，因此赘婿容易被世人看不起。唐宋以后，中国社会逐渐世俗化，血统和门第的观念淡化，世人对赘婿的态度才宽容了一些。一些士人和官员为了攀附权贵，甚至还乐于入赘豪门。例如大诗人李白，一生中两次入赘，并且还都是宰相之家。但入赘后的李白并没有以赘婿的身份为耻，反而活出了精彩的人生，这种放达的态度着实让人佩服。

古代的入赘婚主要有两种类型：一种是未婚女子娶赘婿，另一种是寡妇娶赘婿。

未婚女子娶赘婿是入赘婚的主要类型，原因是女方家没有儿子，招赘婿是为了延续家族香火，更重要的是保护家庭财产。上一篇讲过，在古代没有儿子的家庭会成为“户绝”家庭，俗称“绝户”，不仅香火中断，还可能被亲戚“吃绝户”瓜分财产。但是，如果这家生有女儿，便可以通过招赘婿的方式来避免户绝，女儿与赘婿所生的儿子就成为这个家庭的继承者。

有儿子的家庭也可能招赘婿。有一些小户人家，儿子年龄太小，招赘婿来承担家庭劳动的重任，实际上是招来一个劳动力。还有一些权贵人家，因为溺爱女儿，不希望女儿外嫁，也会招赘婿入门。这种类型的赘婿相对比较少见。

古代还有寡妇娶赘婿的情况，古人称之为“接脚夫”或“接脚婿”。年轻寡妇为了抚养子女和保全家产，往往会招一个赘婿进门，避免被吃绝户。元杂剧《窦娥冤》里，窦娥家就是绝户，所以张驴儿父子赖在他家不走，也是变相吃绝户。张驴儿的父亲甚至还说“老汉自到蔡婆婆（窦娥的婆婆）家来，本望做个接脚”。

古代赘婿按服务期限的区别，分为养老女婿和年限女婿。养老女婿要终身生活在女方家，自己和儿女都要随妻家姓，不能再用本姓。年限女婿则会在入赘时约定好期限。到期后，男方可回归本家，称为“归宗”，但所生的孩子必须留在女方家。年限女婿有原始社会“服役婚”的性质，如果服务得好，归宗时还能分得一笔财产。至于服务期限，根据可见的史料记载，最长的22年，最短的3年，大部分都是十年以上。

电视剧《赘婿》里的赘婿人财双收，是人生的赢家，但真实的古代赘婿并不会如此春风得意。

赘婿进门后，处处要看老丈人和妻子的脸色。妻子如果不想跟你同房，你只能睡在别处。想纳妾？那更是做梦！入赘后，男子成为了生育机器，目的就是传宗接代。宋人戏称赘婿为“布袋”，即“补代”的谐音，意思是用女婿来延续宗族。另一种解释是赘婿就像一个钻到布袋里大气不敢出的人，说明赘婿在妻家经常受气。赘婿还要干活，特别是小户人家，赘婿是家中唯一的男性劳动力。赘婿的劳动强度，可参考《西游记》里高老庄的上门女婿猪八戒。

古代赘婿不仅在家里受气，国家法律也歧视他们。根据《睡虎地秦墓竹简》记载，赘婿既不能录入良民户籍，也不能分得国家分配的土地，还不能做官，其子孙要到第三代以后才可以做官，并且户籍上必须标明是赘婿的后代。古代赘婿还是国家“薅羊毛”的首选。汉武帝时大量征发民众戍边，曾下达“七科谪戍”的诏令，即要求七种身份的人必须戍边，首先是贪官，其次是逃犯，紧随之后的就是赘婿。

古代赘婿的财产继承权还受到限制。年限女婿期满归宗，顶多给点遣散费，无权继承财产。养老女婿可以继承财产，但很难继承全部。首先有时间的要求，必须入赘满三年才有继承权。如果入赘的家庭有过继子，赘婿一般和过继子均分财产。如果入赘家庭有儿子或者养子，赘婿能分到的财产少之又少，甚至没有。即便老丈人有遗嘱让赘婿多继承，现实司法也不会支持。北宋就有类似案例。小舅子和赘婿之间发生了财产争讼，赘婿拿出老丈人的生前遗嘱，写着赘婿可获得七分财产，当时三岁的小舅子只能获得三分财产。判官看了遗嘱后，对赘婿说："你老丈人是个聪明人，当时年幼的儿子在你手里，如果分给他七成财产，可能早就被你害死了。"最后，赘婿只分得三分财产，而小舅子获得了七分财产。

古代男子当赘婿，主要还是因为"穷"，不想努力又贪图钱财和地位，所以选择了"捷径"。那么，古代有没有不是为了钱，只是单纯地因为爱情而自愿入赘的人呢？还真有！在清朝，河北新阳县有个叫李生的男子，仰慕一个有才有德的女子，故而主动入赘女子家。可见，如果遇到了真爱，钱和权都得靠边站！

百科篇

17 古人如何抗疫？

2019年末，一场突如其来的疫情极大地改变了我们的生活。在疫情持续的时间里，人们的生活受到了巨大影响，连东京奥运会也因此延期。回顾历史，如果疫情发生在古代，我们的先人会采取哪些对策呢？

最初，古人对疫情产生的原因没有科学的认知，多将其归结为“鬼神”作祟。比如《楚辞》中说：“伯强，大厉疫鬼也，所至伤人。”伯强是一种鬼，专门制造疫情。东汉《释名》解释：“疫，役也，言有鬼行役也。”这里的“疫”通“役”。古人认为，突然有那么多人染病死亡，是因为厉鬼在服徭役，服役内容就是取人性命。古人想象力也是真丰富，仿佛厉鬼也逃不过“打工人996”的命运。既然疫情是厉鬼所致，那么抗疫就得驱鬼。因此，古人最早的抗疫措施便是搞驱鬼仪式，其代表为“大傩（nuó）礼”。

大傩礼，又称驱傩、傩仪，在周代就已经出现了。东汉的大傩礼较为隆重，具有皇家礼仪的性质，根据《后汉书·礼仪志》记载，大傩礼在腊月的前一天于皇宫的广场上举行。领头的男巫被称为“方相氏”，他头戴铸有“黄金四目”的面具，身披熊皮，黑衣红裙，一手执戈，一手执盾，看起来凶神恶煞。紧随其后的是一百二十名小男巫，称为“侲僮”，都是十一二岁的少年。这些侲僮头裹红头巾，手执长柄摇鼓，跟随着“方相氏”驱鬼。另外，还要有十二人扮演神兽，他们穿着缀有毛和角的服饰。

△ 东汉崖墓陶方相氏俑（藏于四川博物院）

天黑时刻，皇帝驾临仪式现场，侍官高声喝唱：“侲子备，请逐疫。”仪式随即正式开始。先是大合唱，太监领唱，侲子和声；随后，方相氏与十二神兽舞蹈、呼喊。他们边跳边喊地在宫中搜寻三遍，象征搜鬼；最后持火炬将疫鬼逐出端门。

汉代民间也有傩仪，虽然没有宫廷仪式庄重和气派，但其戴假面、跳祭舞、驱鬼的形式和宫廷仪式大体一致。

△ 《大傩图》（藏于北京故宫博物院）

唐宋时期，随着市民生活的世俗化，傩仪逐渐演化成一种辞旧迎新的新年庆祝仪式。人们走上街头玩起了角色扮演，装扮成将军、门神、判官、钟馗、小妹、土地爷、灶神等形象，敲锣打鼓，载歌载舞，场面很是欢乐。唐代诗人姚合就在诗中写过新年的傩仪习俗："烛尽年还别，鸡鸣老更新。傩声方去疫，酒色已迎春。"

时至今日，傩仪不仅在中国境内广泛流传，在越南、日本、朝鲜半岛等东亚文化圈也屡见不鲜。像较为著名的"潮汕英歌舞"和"日本阿波舞"，皆是中国古代傩仪的形式流变，其本质都是一种驱鬼仪式。

除了驱鬼抗疫外，古人还会借疫情敲打统治者。古人相信天人感应，认为灾害的出现是上天对人间失德的惩罚，其主要责任在皇帝。因此，当出现疫灾时，皇帝会颁布"罪己诏"做自我检讨。还会命令官员减少吃喝享乐，以此向上天反省。这种做法虽然不能直接抗疫，但能督促统治者检讨执政过失，也有一定的积极作用。

古人抗疫，并非都依靠信仰。在数千年的抗疫史中，古人也探索出了许多科学的抗疫措施，这些措施在今天看来也不落后。

其一，隔离病患。古人很早就意识到了疫病的传染性，认为"疫气"能够人传人，所以很早就有隔离的防疫措施。公元2年，汉朝暴发疫情，汉平帝随即下诏："民疾疫者，舍空邸第，为置医药。"由政府出面，利用空房屋隔离病患并提供医药，这可算是历史上最早的"方舱医院"了。

其二，国家主导医疗救治。北宋疫病流行时，政府都会公示医方、派遣医官和发放药物，相当于国家颁布诊疗方案，并免费提供救治。宋仁宗为了控制流行病，不顾侍从的劝阻，将自己用的珍贵药物“通天犀”打碎并碾成粉末，分发给百姓以救民疫。清顺治十一年（1654），朝廷在京城景山东门外盖了三间药房，以备瘟疫流行时由太医院医官为百姓发放药物。但古代并没有针对疫病的有效治疗药物，病人多是靠自身的免疫力扛。中国古代倒是有一些预防疫病的“黑科技”，比如人痘接种术，就是让人感染病毒弱的天花，从此实现对天花的终身免疫。这种技术，可谓是古代的病毒疫苗。

其三，国家还会赈济灾民。疫病流行时，生产会受到严重影响，灾民吃饭都成问题。对此，古代政府一般会减免徭役赋税，赐发钱粮，正所谓“嘘寒问暖不如打笔巨款”。例如，汉宣帝曾下诏对灾区实行免税，宋宁宗从内库中拿出十万贯给首都灾民作为丧葬费，明朝万历皇帝还给灾区发放日常生活补助。

山川无异，时空两边。尽管古代医学技术不如今天发达，但古人的抗疫措施并不差，而且颇具文明性。中华文明之所以延续至今，并非对皇帝和英雄的崇拜，而是几千年来对民生的尊重。

18
古人如何照明？

想必大家都听过匡衡“凿壁偷光”的故事。西汉丞相匡衡，小时候家穷，晚上想读书又点不起蜡烛，只能凿穿墙壁借助邻居家的烛光来读书。小时候读这个故事的时候，王老师就很好奇：难道古人连蜡烛也点不起吗？这一篇，咱们就来介绍一下古代的照明方式，看看蜡烛到底贵不贵。

古人最早的人工照明方式是篝火照明。原始人学会用火后，就在居住的山洞口点燃一堆篝火，不仅可以烤熟食物、驱赶野兽，也起到照明的作用。从此，原始人有了最初的夜生活，晚上也敢出去方便了。进入农耕社会后，人类盖起了房屋，篝火也被搬进了屋内，演变成火塘。陕西半坡遗址中，很多房屋的中间都有火塘遗迹。上万年的历史长河中，火塘不仅照亮了现实的世界，也形成了独特的火塘文化。火塘被看得很神圣，火塘里的火越旺，就代表家族越兴盛。古人不能向火塘里吐口水或扔垃圾，也不能脚踩火塘，长辈还要坐在火塘的上方位，这都是对火塘的尊重。今天，云贵高原的一些少数民族家庭还在使用火塘，这并不是没有电，而是很难割舍这种文化。

△ 半坡人使用的火塘模型（位于中国消防博物馆）

火塘照明有种种不便之处，比如无法实现多个房间照明，夏天用还特别热。另外，火塘容易引起火灾，尤其是在房屋密集的城市。因此随着社会的发展，小巧灵便的照明工具出现了，这就是油灯和蜡烛。

油灯是通过燃烧油脂和灯芯来照明的灯具，早在商朝就出现了。1975年出土的商代盂形陶灯，是目前可见的最早油灯。古代最著名的油灯是汉代的长信宫灯，其照片被选入中学历史教科书。这盏油灯为铜制，造型是一名手持宫灯的宫女。灯罩可以左右开闭，用来调节灯光的亮度。宫女的右手上举，右臂中空为烟道，油脂燃烧后的黑烟可通过烟道进入油灯腹内，干净卫生。

△ 长信宫灯（藏于河北博物院）

唐宋时期，价格低廉的陶瓷油灯开始普及，样式众多。比如可调节亮度的“多管灯”，灯口有五个小细管，每个细管中都有一个灯芯，都通到油灯中央的储油区。使用者根据照明的需要，可以任意点燃一个或多个灯芯以调节亮度。还有“计时灯”，油灯的内部器壁上刻有均匀的水平线，使用者可以通过查看灯油的燃烧量来估算可燃烧的时间。

古代的灯油有植物油脂和动物油脂两种，前者使用较多。最上等的灯油是芝麻油，燃烧时无味且少烟，非常洁净。可芝麻灯油的价格较高，一般老百姓用不起。民间最常用的是桐油，即油桐树果榨的油。但桐油燃烧时产生的黑烟较多，容易把室内物品熏黑。宋人庄绰在《鸡肋编》里就提到过桐油的这个弊端：“烟浓污物，画像之类尤畏之，沾衣不可洗，以冬瓜涤之乃可去。”

古代的动物灯油多用鱼油。在宋代海外地理著作《诸蕃志》中，提到了用“大鱼”油脂做灯油的事例。这大鱼有多大呢？记载说“身长十余丈”，换算到今天有二三十米长，推测应该是鲸鱼。古代欧洲人就大量捕杀鲸鱼炼制灯油，他们在发现南极洲后，还大量捕杀企鹅炼灯油。

中国古代还有一种特殊的灯油，那就是人油。史书记载，董卓死后，人们在他肚脐眼上插上灯芯点起了油灯。因为董卓肥胖，油灯点了三天三夜。这就是古代的酷刑“点天灯”的原型。

△ 人形青铜灯（藏于中国国家博物馆）

说完了油灯，咱们再来说说蜡烛。古代的蜡烛分为黄蜡和白蜡两大类。黄蜡用蜜蜂的分泌物制作，颜色发黄；白蜡用白蜡虫的分泌物制作，颜色发白。白蜡的熔点较高，燃烧后的烛液不易下淋，品质胜于黄蜡，价格自然也更高。所以，古代用白蜡的多是有钱人家。那具体的价格是多少呢？接下来我们就来算一算。

元代的《庶斋老学丛谈》记载："每夜提瓶沽油四五文，藏于青布褙袖中归，燃灯读书。"可以得知，元代人每晚的灯油费用需四五文钱，大约合今天的五块钱。相比之下，蜡烛就要昂贵得多了。根据《宋会要辑稿》记载，官用蜡烛的价格是每条四百

△ 邛窑绿釉瓷省油灯（藏于邛崃市博物馆）

文，差不多今天三四百元钱！民用蜡烛的价格稍微便宜一些，一支至少也要二十文。按照一晚上点两支算，古人每天点蜡烛的费用超过今天的五十元！由此可知，匡衡的邻居的确挺富裕。西晋的巨富石崇，用烧蜡烛做饭的方式来炫耀自己的富有。的确，那烧的不是蜡烛，而是钱。

古代蜡烛太贵，一般人家用不起。即便是相对便宜的灯油，古人使用时也非常节省，甚至还发明了一种“省油灯”。今天，人们在形容某人爱惹是生非时，常会说他不是一个“省油灯”，在古代还真有其物。这种省油灯的储油区外层有个空心夹层，夹层上方的小口可注入冷水，从而给灯油降温，以减缓灯油的消耗速度。古人还有一个常见的省油的办法，就是不去挑灯芯，而是让灯油慢慢燃烧，因此还形成了一个歇后语：不拨灯不添油——省心（芯）。

看来在古代，“挑灯夜读”不只是学习刻苦的表现，更是一种“凡尔赛”式的炫富。

19
古代的房价高吗？

当下的年轻人，几乎都在为房子奋斗。如果以每月攒5000元的速度来计算，现在（2021年）想在深圳买一套像样的三居室房子，需要从清朝就开始攒钱了。古人也有如此大的购房压力吗？我们今天就来聊聊古代的房价。

由已知的史料来看，汉朝的房子简直是“白菜价”。《居延汉简释文合校》记载了两处房价：公乘徐宗家“宅一区直（值）三千”；公乘礼忠家“宅一区万”。这里的“公乘”指的是贵族后裔，居延在当时是个四线小城。也就是说，两个官二代的房子价格分别是三千钱和一万钱。《九章算术》记载，汉朝一个“打工人”的年收入为“一岁价钱二千五百”。这样算下来，在汉朝小城市，一两年的工资就够买一套房了。汉朝大城市的房价略贵一些，像当时的新一线城市汉中，房价数万钱，打工十年也够买一套房子了。

为什么汉朝的房价这么便宜呢？一是汉朝人口相对较少，人地矛盾没有那么大，房子足够住。二是汉朝实行授田制度，国家给民众免费分配土地，其中就包括宅基地。所以，汉朝人都有土地盖房子，房价只是建筑费和材料费。对比当下，房价高的主要原因是地价高。三是汉朝政府限制房屋买卖，如规定“欲益买宅，不比其宅，勿许”，意思是说买房子只能买邻居的房子。这一规定的本意是限制民众流动，但客观上也限制了炒房行为。

到了唐朝，房价就不那么友善了，特别是盛唐以后的大城市。韩愈在《示儿》一诗中写道：“始我来京师，止携一束书。辛勤三十年，以有此屋庐。”韩愈官至吏部侍郎，相当于今天中央组织部的副部长，死后被追赠为礼部尚书。一个朝廷高官，在首都买房子居然要用三十年。这个故事的“伤害性不大，但侮辱性极强”。如果韩愈此言不虚，不仅说明唐朝首都的房价高，也说明韩愈是个清官。唐朝房价之所以高，一是因为国家不再给民众授田，没有“国家分房”政策了；二是随着唐朝社会发展和人口增加，人员流动性增大，人们对房屋的购买需求增强。

如果说哪个朝代的房价堪比今日之中国，那一定非宋朝莫属。北宋经济繁荣，人口剧增，城市高度发达。北宋都城汴京的发达程度，完全碾压唐朝的长安。据宋史专家包伟民估算，北宋后期汴梁市区的人口密度约为1.2万～1.3万人每平方千米，今天北京市区的人口密度也才1.4万人每平方千米。由于大量人口涌入城市，北宋的城市住房十分紧张，《清异录》记载了一户低收入家庭的居住情况：“四邻局塞，则半空架版，叠垛箱筥，分寝儿女。”意思是说：四户人家局促地挤在一个院，儿女们没地方睡觉，只好在半空中架起木板，还把箱子叠拼起来当床用。这真有点今日在北京蜗居的感觉。

住房如此紧张，房价自然也是居高不下。汴京一间房子的价格都在千贯以上，按照购买力换算，合今天上百万元。注意，这只是一间房的价格，宋朝百姓一家通常有两三间房。北宋末年，房价更是高得惊人。苏辙晚年（宋徽宗年间）在汴京买了一所普通住宅，花了九千四百贯。学者程民生在《宋代物价研究》中记载了当时“打工人”的收入：汴京的饭馆酒肆的杂役，一天的工钱差不多是二百文，街头商贩一天的平均收入也在二百文上下。照此标准计算，一个“打工人”至少需要一百二十八年不吃不喝，才能攒钱买起苏辙那套住宅！这还是普通住宅，如果是豪华大宅，价格高达数十万贯。即便官至宰相，若想凭工资买大宅，也要穷其一生。一千多年前的宋朝，其房价水平和今天的中国如此相似。

到了明朝，房价大幅回落。明朝开启了中国货币史上的白银时代，银子成为主要流通货币，房价皆按银两计算。在小说《金瓶梅》中，潘金莲和武大郎在县衙门前的核心地段买了一套房子，四间两层，还有两个院子，花了十几两。学者张传玺在《中国历代契约会编考释》中提到：崇祯十三年，北京正阳门大街的一座小型四合院，两间南房、两间北房、一间厢房，卖价只要三十三两。明朝戚继光军队的军饷是每天三分银，一年收入约十两银子。这样算下来，三四年的军饷就可在北京买一套房子了。

清朝房价稳中上涨。根据学者邓亦兵计算：乾隆年间，北京内城一间住房的均价约是三十三两银子。《红楼梦》里，袭人的月例银是二两多。这样算下来，袭人一年多的收入就可以在北京二环买一套小户型了。怪不得她情愿给贾宝玉做通房大丫鬟，冲这收入也够了。与今天不同，清朝北京外城的房价要高于内城。因为内城房屋价格受政府调控，不允许过高，而外城房价则由市场决定。

20
古人租房吗？

前一篇我们说了古代的房价。在房价较高的时代，古人也买不起房子。那么，他们会租房子住吗？古人租赁房屋有什么规矩吗？

租房现象自古就有之，古代称为“赁屋”或“僦居”。“僦”在古汉语中是租赁的意思。唐朝之前，租房现象较少，因为城市人口流动较小，顶多是官员和商人租住旅馆，多为临时性、短期性租赁。从唐朝开始，租房现象明显增多。论其原因，有如下三点：首先，城市经济繁荣，吸引大量人口迁入，更多人搬到城市居住，甚至包括外国商人；其次，科举制盛行，读书人涌入都城参加科举考试，考中后还要到各地做官，加大了人口流动性；最后，授田制在唐朝退出历史舞台，国家不再分配宅基地了。这就像二十世纪九十年代的住房制度改革，国家不再分配住房，城市职工要么买房，要么就租房。

宋朝的租房现象更加普遍，主要是因为人多和房子贵。自太平兴国五年（980）至大观三年（1109）的一百二十九年间，宋朝的户籍数量由六百四十二万户增加到二千零八十八万户，人口总数超过一亿。宋朝政府还实行“不抑兼并”的土地政策，农村土地大多流转到地主手中，导致许多农民无法在农村谋生。但是宋朝的城市经济很发达，创造了大量的就业机会，吸引着农民进城务工。这些农民买不起房，只能选择租房住，因此宋朝的城市里几乎是全民租房。《水浒传》里，不仅卖炊饼的武大郎租房，连提辖鲁达和押司宋江也租房。南宋朱熹也说：“祖宗朝（北宋），百官都无居住，虽宰执亦是赁屋。”

宋朝租房的具体程序是怎样的呢？

首先，你需要打听房源。可以在街头向大妈打听，也可以看租房广告。宋朝的租房广告称为“赁贴”，贴在待出租房屋的墙上。特别是科举考试之前的日子，赁贴满天飞，像极了当下的高考毕业季前夕，重点高中附近的民房火热招租的情形。除此之外，你还可以向房产中介——时称“庄宅行人”，俗称“房牙子”——打听房源，他们掌握着大量的租房信息。

其次，打听完房源后，下一步你就得去看房了，如果满意就可以签约。宋朝租房签约，必须通过房产中介。只有中介作保的契约，才能得到官方的认可，这样做可有效减少租赁双方的潜在纠纷。房牙子也不是免费作保，在租赁成交后，他们会收取一定的佣金。

最后，签约后，租客就可以付租金并搬家了。宋朝的房租称为“掠房钱”，一般是按月支付。关于房租起租时间的问题，宋朝政府还有一个很人性化的规定：房东交房后，要从第六日才能开始算租金，前五日免租金，用于租客搬家、打扫之用。宋朝政府还出台了诸多律法来规范租房市场，比如不得转租，不得因卖房而中途停租，租房者对损坏的房屋要负责修缮等。

那宋朝的房租贵吗？在高昂的房价之下，房租自然不会低。当时中下级军官租房的月租金大约是五贯，折合今天五千元左右。大面积的豪宅，租金更是天价。宋仁宗时，节度使李用和生病，皇帝亲自看望抚恤，并报销了他的房租钱，“日给官舍僦钱五千”。一天五千钱，一个月就是一百五十贯，差不多折合今天的十五万元。这个房租水平，跟今天北京和上海比，也丝毫不逊色。

房租这么高，老百姓租不起房子怎么办？别急，宋朝政府还有廉价的公租房。政府掌握大量的公有房屋，会将其低价租给民众。宋朝政府设有一个专门管理公租房的机构，叫作“店宅务”，相当于今天的房管局。宋真宗时期，汴京店宅务掌握房屋二万三千三百间，每年收取租金十四万零九十三贯。平均下来，每间房的月租大约是五百文，相当于当时“打工人”三天的收入。

宋朝政府还有许多住房保障政策，使民众居有其所。比如，民众长期租住公租房，官方不可涨租金。宋真宗还特意为此下诏：

“如闻店宅务将人户久赁屋增僦钱，但成劳扰，速罢之。”在自然灾害或重大节庆之时，政府还会下令减免房租。如至和元年二月乙未朔（1054年3月12日），宋仁宗下诏：“天下州县自今遇大雨雪，委长吏详酌放官私房钱三日。”再如嘉祐五年五月乙未（1060年6月8日），宋仁宗下诏：“京城疾疫，其蠲官私房钱十日。”疫情期间减免房租的政策，在近一千年前的宋朝就有了。

判断一个社会的文明程度，不仅要看高收入者享受的条件，更要看弱势群体生活的保障。从住房保障这一点来看，宋朝并不输于近代文明。

21 古人如何打广告？

广告在当今社会随处可见，无孔不入。就在王老师打开电脑准备写这篇文章的半分钟时间里，已经关掉了三个弹窗广告。很多人以为广告是现代特有的商业宣传行为，直到工业社会后才出现。实际上，中国古代就已经有广告了，而且也是随处可见。

学者杨海军在《中国古代商业广告史》一书中，认为古代广告传播媒介分为六种：声响、幌子、诗歌、楹联、招牌、印刷品，并以此将古代广告划分为六种类型。王老师以为，广告的作用在于宣传商品，因此还可以根据传播范围与效果划分为三种类型：门前标志广告、声响推销广告、远程宣传广告。接下来，就给大家分别介绍一下古人是如何打广告的。

门前标志广告，是指在店铺门前做相关装饰，一来吸引大家注意力，二来宣传商品服务。宋代酒楼的门前会搭建高大的彩楼欢门，远远望去，就能看得出这是一家高档酒楼。酒楼一般还会在门口或屋顶插一根杆子，上悬旗帜，称为“望子”“酒旗”或“幌子”。旗帜上面会写店名或主打商品名，起到广告的作用。如在《水浒传》里，快活林酒店门口的望子上写着“河阳风月”的酒名，景阳冈酒店门口的望子上则写着“三碗不过冈”的广告语。

门前标志广告还会在门口的牌匾和楹联上做文章。比如店铺牌匾会请名家题写，以提高知名度。宋江题反诗所在的浔阳楼饭店，牌匾上的“浔阳楼”三字就是大文豪苏轼题写。楹联上也会写有比较诗意的广告语。如快活林酒店的楹联是“醉里乾坤大，壶中日月长”，浔阳楼写的则是“世间无比酒，天下有名楼”。另外，高档酒楼还会在门口立灯箱广告，称为“栀子灯”。灯箱外立面是酒楼名称或广告语，灯箱内部可点灯，这样夜晚也能清晰看到。

△ 古代考场附近的店铺广告（出自徐扬《姑苏繁华图》）

门前标志广告的宣传范围较小，一般只有过往客人和周围住户能看到。为了吸引更多人的注意，古代还有声响推销广告，说白了就是吆喝。《梦粱录》记载南宋都城临安“沿门唱卖声，满街不绝”。这种吆喝广告今天也常见，比如我们童年经常听到的“磨剪子来，戗菜刀”。

不同于现在电子音响录音循环播放，古代的声响推销广告全靠人工。宋代的声响推销广告不仅有人声吆喝，还配有打击乐器，叫作吟唱广告，其节奏明快，词语押韵，内容很洗脑，很有说唱音乐的味道，有非常好的广告效果。明代冯梦龙在《警世通言》中记载了一则吟唱广告的内容：“本京瓜子，一分一桶。高邮鸭蛋，半分一个。”清代笔记中还记载了一个卖铁蚕豆的吟唱广告内容：“铁蚕豆，大把抓，娶了媳妇不要妈。”古代声响推销广告配合的乐器也多种多样。根据《燕市负贩琐记》记载，清代算卦广告就配合了三种乐器——“有吹横笛子者，有打咯达锣者，有打堂鼓者。”在古代当小贩，如果不懂点儿说唱艺术，你都不好意思吆喝。

前几年，街头出现过很多甩卖钱包的店铺，门口扩音喇叭循环播放“浙江温州江南皮革厂倒闭了”的广告语。从效果上看，这种广告属于“卖惨型”，古代也有类似的广告。据《鸡肋篇》记载，宋哲宗时，汴京有个卖饼的小贩，沿街吆喝广告语“亏便亏我也”（亏死我了），吸引了许多“好奇宝宝”来一探究竟，饼卖得自然就快。一次，他路过皇宫墙外，恰巧这墙里住的是被废掉的孟皇后。这哥们儿也是倒霉催的，依旧吆喝那句“亏便亏我也”。宫内侍卫以为这人是在为废皇后叫屈鸣不平，分明是喊“反动口号”！于是，这哥们儿被抓了起来审问，最后还挨了杖刑。挨揍后，这哥们儿又策划了第二季广告语，一瘸一拐地吆喝“待我放下歇则个”，意思是“让我放下担子歇一歇”。为什么要歇一歇呢？言下之意其实是：“我被打惨了，大伙可怜可怜我，多买几个饼吧！”结果又吸引了一大拨人，简直就是个广告奇才！

最后说一下古代的远程宣传广告。古代没有广播和电视，远程宣传广告主要以诗歌和印刷品的形式传播。诗歌广告多是文人自发为喜欢的商品或旅游景点写诗，流传后便起到了广告的作用。李白的“兰陵美酒郁金香”，使兰陵美酒声名远播。并州剪刀锋快爽利，宋朝诗人们常用它比喻决断爽快，如周邦彦的“并刀如水”、陆游的“诗情也似并刀快”等，伴随诗句的流传，并州剪刀也名扬天下。苏轼还非常喜欢为朋友或穷苦人写诗推广商品，可谓史上最早的软文写手。

古代也有印刷品广告，多见于出版行业。宋元时期刻印图书，常在书后印一牌记，记录刊印者姓名、刻印时间、刻坊堂号与地址等。这既有现代图书版权页的雏形，也有图书广告的性质。

古代最著名的印刷品广告案例，是宋朝济南一家针铺的广告，其印刷铜版现藏于中国国家博物馆。该铜版上方雕刻着店铺名称“济南刘家功夫针铺”，中间有“白兔捣药”的图案，类似今天的商标。下方写有“收买上等钢条，造功夫细针”等宣传语。另外还有“转卖兴贩，别有加饶”一句，是说商贩前来批发还有优惠，“加饶”就是打折的意思。最带感的是，这则广告还有一句提示词，“认门前白兔儿为记”，告诉你找店铺时别找错了，认准门前的白兔标记。是不是很有穿越感？

△ 济南刘家功夫针铺的广告

22
古人打麻将吗?

麻将是风靡大江南北的一种棋牌类游戏。看过香港TVB电视剧《醉打金枝》的朋友，一定会对里面打麻将的情节印象深刻。在电视剧里，唐朝公主也热衷于打麻将，时称“打马吊”。这样算下来，麻将在中国至少有一千三四百年的历史了。事实果真如此吗?在这一篇里，我们就来探寻一下麻将的前世今生。

古代将赌输赢、角胜负的游戏称为“博戏”。中国最早的博戏是“六博”，先秦时便已流行。孔子曾经说过这么一句：“饱食终日，无所用心，难矣哉！不有博弈者乎？为之，犹贤乎已。”意思是整天吃饱了没事干，也挺闹心的。幸好还有六博和围棋，玩玩也比闲着强啊！看来，老夫子并不是每天都在“之乎者也”，偶尔也玩六博放松放松。

六博的对阵双方各有六枚棋子，在一张方形棋盘上行棋。棋盘有棋路，中间横一空间为水，放置鱼棋两枚。游戏时，双方轮流掷采，掷骰子决定行棋的步数。棋到棋盘中间水处则能吃掉对方的“鱼”，并获得棋子，以此判断胜负情况。六博有点像今天“大富翁”之类的游戏，和麻将的形制还差很远。

△ 汉代博具（藏于湖南省博物馆）

麻将的鼻祖是唐朝的叶子戏，一种纸牌类的博戏。叶子本身是一种纸片。古人看书时为方便查找，往往在叶子上写出备检的要目，置于书中，类似今天的书签。也许是看书看累了，古人就在“书签”上画上图案，发明了叶子戏。

叶子戏有四十张牌，分四种花色。叶子戏的具体玩法已经失传，但根据古书画的记载，应该类似于今天的扑克，但需要用到骰子。叶子戏在唐朝很流行，公主甚至能玩个通宵。《杜阳杂编》记载："（同昌公主）好为叶子戏，夜则公主以红琉璃盘盛夜光珠，令僧祁捧立堂中，而光明如昼焉。"晚上为了玩叶子戏，令僧人捧着夜明珠照明，像不像成宿打麻将的富太太？电视剧《醉打金枝》中，公主打麻将的情节可能以此为原型。

到了宋朝，叶子戏更加流行。南宋《西湖老人繁胜录》记载当时有专门卖叶子牌的行市。宋朝的杂耍表演中，还有江湖艺人将猴子训练成为"斗叶猢狲"，为观众表演叶子戏。但宋人在玩叶子戏的过程中，发现纸牌很容易磨损，而且野外玩牌时纸牌容易被风吹走，故在叶子戏的基础上发明了骨牌，用兽骨制作棋牌。因为是在宋徽宗宣和年间发明的，所以这种棋牌又称宣和牌。宣和牌已经具有了今天麻将的材料形制，但具体玩法和麻将仍有所不同，倒是和今天的牌九相近。

叶子戏发展到明朝形成马吊牌，是今天麻将的前身。打马吊牌有庄家、闲家之分，玩家轮流坐庄。三个闲家合力攻击庄家，使之下庄。根据胡适考证，马吊牌三人对一人，像马站立时吊脚一样，所以称为"马吊"。马脚后来变音为麻雀，麻雀又变音为麻将，所以马吊是麻将的前身。马吊牌有四种花色——万贯、贯、文钱、索，皆与筹码相关。索是穿钱的绳子，文钱是一枚铜钱，贯是一串铜钱，万贯就是一万贯铜钱。马吊共有四十张牌，四个打牌者各取牌八张，剩余八张放在牌桌中间，玩家轮流取牌、出牌。这种玩法和今天麻将很接近了。

清初，在马吊牌的基础上又衍生出了默和牌。牌面只留三种花色——万贯、文钱、索子，就是今天麻将的万、饼、条。每张花色一到九各四张牌，另加入各种配牌，总共一百二十张。默和牌的花色与今天的麻将几乎一致，只是万字牌上面画的是水浒人物。今天，山东和东北地区依然有这种纸牌游戏，名曰“水浒纸牌”，王老师小时候就见过老人玩这种纸牌。

△ 山东省潍坊市杨家埠的水浒纸牌

现代意义上的麻将出现在清末，诞生地普遍被认为是浙江宁波。相传，同治年间的官员陈鱼门，在宁波马吊牌的基础上改进出了麻将。还与当时英国驻宁波领事夏福礼一起打麻将增进感情，麻局自古是社交的捷径。后来，陈鱼门又到上海经商，将麻将带到了万国云集的十里洋场，麻将从此风靡全国。宁波话中“麻雀”和“麻将”是同音，也可印证麻将源于宁波。今天宁波天一阁景区，设有麻将创始人陈鱼门的雕像，景区内还有麻将博物馆。

关于麻将的发明，还有多种其他传说。另一种流传比较广的说法认为，麻将的发明和护粮工有关。明清时期的江苏太仓有很多粮仓，为了防止麻雀偷食粮食，护粮工经常要捕杀麻雀。闲暇之余，他们就发明了麻将。麻将中的诸多元素都和捕杀麻雀相关。比如麻将一词的吴语发音和麻雀的发音相同。再如麻将里的饼字牌，又称筒，源自护粮工打麻雀的火铳。这似乎也能自圆其说，但从麻将的演变史来看，其绝非一朝一夕的发明，而是在古代各种棋牌类游戏的基础上融合而来。还有一种说法认为是郑和下西洋时的水手们发明了麻将，这种说法无据可考，可信度不高。

△ 清代象牙麻将牌（藏于北京故宫博物院）

23
古人用什么洗脸？

今人常常会用洁面乳洗脸，毕竟脸面对于我们实在太重要了。可能有人担心穿越回古代会没有洁面乳用，耽误自己“容颜焕发”。其实这个担心大可不必，因为古代也有专门的洁面用品。

在《古代人的日常生活》中，我们曾提到古人会用淘米水洗头发。其实，淘米水在古代可谓万能，不光能用来洗头发，还可用来洁面。《礼记·内则》说：每三天要洗一次头发，如果脸脏了，就用淘米水洗洗。淘米水呈弱碱性，可以祛除脸上酸性的污垢，还可以吸除面部多余的油脂。淘米水洗脸还有一定的美白功效，其富含的维生素B和淀粉能在脸上形成遮盖效果，有短暂性的美白作用。直到今天，仍然有女性用这种古法洗脸。

除了淘米水，古人还用草木灰洗脸。草木灰是植物燃烧后的灰烬，内含碳酸钾，总体呈碱性，有很好的去污效果。古人将草木灰兑水，制成“灰汁”，可用来洁面或洗澡。武则天喜欢用益母草制成的灰汁来洗脸护肤，医书称之为“则天大圣皇后炼益母草留颜方”。怪不得唐太宗、高宗父子两代都喜欢这张面孔，原来人家有护肤秘籍。

但要说古人最常用的洁面用品是什么，答案竟然是猪胰脏。猪的全身都是宝，不光能吃肉，还能用来洗澡。猪胰脏为长条形，十余厘米长，粉红色，内含有各种消化酶，能够有效去除和分解污垢。南北朝贾思勰的《齐民要术》中就记载了猪胰脏的去污功效，距今已有近一千五百年的历史。

古人以猪胰为主要原料，制作出了古代最常用的洁面品——澡豆。唐朝孙思邈的《千金药方》记载了澡豆的制作方法：先将猪胰脏洗净并去除脂肪油污，然后研磨成糊状，加入豆粉后搅拌均匀，最后经自然干燥形成块状或球状的澡豆。古人为了增加澡豆的美白和增香效果，还在澡豆中加入各种配料，如甘松、丁香、麝香、白芷、冰片、皂角、阿胶、糯米等。孙思邈亲自为澡豆代言，称其“治面黑不净，一百日其面如玉，光净润泽，臭气粉滓皆除”。有些加入特殊配方的澡豆，还具有去除粉刺、痤疮的功效，看来古人也饱受青春痘的困扰。

澡豆是伴随着佛教在我国的流行而普及的，至唐宋时才在民间普及。很多人最初并不知道澡豆为何物，为此还闹出过一个著名的笑话。《世说新语》记载，东晋的王敦与舞阳公主结婚，成为驸马。公主的生活方式很是时髦，王敦有些跟不上趟儿。婚后的一天，王敦在家上厕所，公主的侍女就端来干枣和澡豆，干枣是用来塞鼻孔阻隔臭味的，澡豆则是厕后用来洗手的。王敦哪认识这些公主用的高级货，还以为这些是“如厕甜品”呢，直接就给吃了！这一彪悍行为逗乐了侍女，忍不住偷偷地捂嘴笑。

△ 明代万历年间的金皂盒和皂球（出土于明定陵）

宋朝人在澡豆的基础上，又制成了肥皂团。南宋的都城临安，有专门经营肥皂团生意的人，可见其当时的流行程度。其实，肥皂团就是今天香皂的雏形，只是前者纯天然手工制，后者是现代化工产品。明清两朝，这种澡豆型的肥皂团继续流行，由于是用猪胰脏制成，民间俗称为“胰子”。清朝末年，仅北京一地就有七十多家胰子店，产品远销海内外。当时有家名叫“花汉冲”的化妆品店，售卖各种“花汉春”品牌的美妆和洗护用品，其中胰子和香粉是爆款，大内皇宫也在该店订购化妆品。这家诞生于明朝嘉靖年间的化妆品店，兴旺了四百多年，直到1952年才退出历史舞台。2018年，北京大栅栏当年的旧址上，“花汉冲”老铺重新开张，希望继续传承国妆之美。

改革开放前，生活物资匮乏，我国采取了严格的供应制度。香皂也属于供应商品，很多家庭经常不够用，于是又重拾传统手工胰子的制作。王老师的母亲在小时候就见到过这种工艺：将猪胰子剁碎，然后加入火碱或烧碱搅拌，最后自然风干就得到了胰子皂。时至今日，东北地区的一些老人还将工业香皂称为“胰子”。尽管这个名字不太文雅，却沉淀着民族的记忆，散发着历史的芬芳。

24

古人如何洗澡？

洗澡是一件很惬意的事，尤其是在寒冬数九之日去澡堂。大池中一泡，搓澡师傅一搓，躺椅一靠，再来点茶水饮料，惬意生活不过如此。古人也喜欢洗澡，汉朝公务员甚至有专门洗澡、洗头发的假期，五天一休，称为“休沐”。那么，古人是如何洗澡的？

甲骨文中的“浴”写作“[illegible]”，可以看出，一个人站在大盆里，身上还有水滴。这说明商朝时候洗浴是一个人在浴盆里泡澡。这不难理解，毕竟洗澡这事如此私密，古人最初是不习惯大家一起泡澡的，所以并没有公共浴池。时至今日，有些南方朋友依然不习惯共浴，王老师在读大学时就深有体会。大一刚开学时，我们寝室的同学一起去学校浴池洗澡。一位四川的同学，拿着水盆、穿着内裤进入浴室。他在里面巡视了一圈，发现大家都是一丝不挂地洗澡，这才又去更衣室脱掉了内裤。

古人最初都是自己一个人在家洗澡，用一个大盆就够了。条件好的人家会有专门的浴室，洗澡时有奴婢伺候。迄今为止，我们能看到的最早的家庭浴室形象，是扬州西汉广陵王刘胥陵寝中的浴室。浴室内有双耳铜壶、铜浴盆、擦背用的浮石、木屐、铜灯、圆漆浴凳等全套洗浴设施。其中的双耳壶应是奴婢为其主人进行人工淋浴时使用。

△ 战国时期的铜浴缶（藏于荆州博物馆）

△ 搓澡用的浮石

史上最著名的浴池，最著名的莫过于唐玄宗和杨贵妃用的华清池了，还被写进了白居易的《长恨歌》。除了皇家鸳鸯浴池，唐朝还出现了民间公共浴室，人们已经开始共浴了。到了宋朝，由于市民阶层的崛起，城市里的公共浴室如雨后春笋般崛起。元、明、清三朝，公共浴室持续繁荣发展。马可·波罗记载元朝人“每日早起，非沐后不进食”。先洗澡再吃饭已经成为元朝人的日常生活。

△ 华清宫的海棠汤

古人洗澡时，会在洗澡水中加入中草药物以治疗疾病，称为“香汤”。在古汉语中，汤是热水的意思，洗澡水也称汤。今天，日本浴池的门口还会写一个“汤”字做招牌，这便是源于中国的洗澡文化。我上课时曾给学生讲过一个笑话：某人去日本旅行，见一店铺门口挂了个写有“汤”字的门帘，这人以为是瓦罐煨汤之类的饭店，就进去“喝汤”了。店家发给他一个水盆，他心里寻思“这日本人可真实在，喝汤都得用盆”！

古代洗浴业最为发达的城市当数扬州，形成了风靡大江南北的扬州洗浴文化。今天的东北地区上点儿档次的洗浴场所，里面的搓澡工不少都自称来自扬州。扬州地处大运河与长江的交汇处，是古代的交通枢纽，也是古代重要的商业都市和物流集散地，其商业地位和繁华程度堪比今日的上海。这里汇聚了全国各地的商人，休闲娱乐产业旺盛。商旅到了扬州都想休整一下，洗澡是去除旅途劳累的最佳方式，这造就了扬州洗浴业的繁荣。扬州有句老话：“早上皮包水，晚上水包皮。”皮包水就是在茶馆喝茶，水包皮则指去澡堂洗浴，足见洗浴文化在扬州的繁盛。

△ 古代苏州的澡堂（出自徐扬《姑苏繁华图》）

古代扬州的公共浴室称为“混堂”，门口都会挂一个水壶，表示正在营业。古代浴池门口挂水壶，就像酒楼门口挂望子一样。为什么要挂水壶呢？王老师认为，可能是因为古代没有自动淋浴，水壶是洗澡时人工淋浴的辅助工具，是澡堂的必备用品，所以成为了行业标志。

洗澡很消耗体力，为避免“洗晕”，客人到了浴池要先喝点热汤，出汗后再小憩一会儿，养足精神后方可下池泡澡。现在的浴池禁止皮肤病、性病患者和醉酒者入内，年纪大的人也会被要求有家人陪同，古代浴池也有这样的行业要求。根据清朝《扬州画舫录》记载，混堂入池口两边有对联一副：“病疮梅毒休来浴，酒醉年高莫入池。”

今天的搓澡，在古代叫作“揩背”。宋代的苏轼，就是一个“揩背”狂人，甚至还为搓澡师傅填了一首“搓澡词”，名为《如梦令·水垢何曾相受》。词曰：“水垢何曾相受，细看两俱无有，寄语揩背人，尽日劳君挥肘。轻手，轻手，居士本来无垢。”苏轼借寄语搓澡师傅轻搓一事，寓意自己秉性高洁——“居士本来无垢”，言下之意，自己的遭遇都是小人嫉妒陷害的。连搓澡时都在风雅地批评时政，宋代文人真的是时刻以天下为己任。

今人去公共浴室消费一次，如果找搓澡师傅服务，人均消费百八十元。那么，古代浴池洗澡贵吗？学者程民生先生的《宋代物价研究》一书中记载了“向浴堂，沐浴，八人料钱八十文”“以百文沐浴”等关于洗澡的费用。宋朝一文钱的购买力大约合今天一元钱，八个人的料钱八十文，这个价格应该是指门票，相当于每人十元。如果以百文洗浴，那就一定是找搓澡师傅揩背了。古代浴池的服务项目还有很多，比如梳头、刮面、修脚、推拿、按摩、茶食等，全套下来，估计也得几百甚至上千元了。

25
古人近视了怎么办？

根据国家卫生健康委员会公布的数据，2018年我国高中生近视率高达81%。学生戴眼镜现象非常普遍，你若不戴个眼镜，都不好意思说自己是读过书的人。古代文人考科举，终日枕典席文，近视的肯定也不少。那么，古人近视了怎么办？会戴眼镜吗？

古代近视的人还真不少，《笑林广记》里有不少关于近视的笑话。比如《虾酱》篇，说有一人挑粪经过一位近视者，近视者看不清挑的是啥，但闻那臭烘烘的气味以为是卖虾酱的，遂唤曰："拿虾酱来。"挑粪人以为这人有病呢，没理会就走了。近视者以为"卖虾酱的人"故意不卖给他，就赶紧追上，"将手握粪一把，于鼻上闻之，乃骂道：'臭已臭了，什么奇货，还在这等行情！'"这个重口味笑话告诉我们：古人近视不仅耽误学习，还影响智商。

古人称近视为"不能远视"，就是看不清远处的东西。古人也认识到用眼过度是导致近视的主要原因，如“数看日月，夜视星火，夜读细书，月下看书，抄写多年，雕镂细作”等。但是，古人对近视的发病机理没有科学的认知。近视的机理是眼球内部的视网膜和晶状体之间的距离拉长，光线不能在视网膜上聚焦，导致物体影像模糊。而古代中医却将近视的发病机理归结为阳虚，因此对近视的治疗方法竟然是补肾。即使到了清代，医学家林佩琴依旧认为：“能近视不能远视，阳气不足也，治在胆肾。加味定志丸，或八味丸。”治近视居然得吃“六味地黄丸”，这眼睛不一定能治好，治肾虚肯定是管用了。

为了弥补近视的问题，古人会使用放大镜和眼镜。我国已知最早的放大镜，出土于东汉广陵王刘荆墓，为水晶材质。唐代，大量西域制造的玻璃材质放大镜进入中原，被称为“火珠”或“火齐珠”。从名字便可以看出，唐朝的放大镜主要用于聚光点火，并非近视者专用。用放大镜观阅文字的记载，最早见于北宋。《暇日记》记载：北宋提刑官史沆在查阅案卷时用水晶镜观看文字。为何放大镜看字在宋代普及呢？可能是因为宋朝科举制大规模扩招，读书人用眼疲劳而导致近视增多，以至于放大镜大派用场。今天高考制度下的孩子们要上各种辅导班，加班加点地学习，大部分人近视也就不足为奇了。

南宋时期，我国出现了双镜片的老花镜，名为“叆叇”（ài dài），其外形和今天的眼镜很接近。《洞天清录》中记载：“叆碰，老人不辨细书，以此掩目则明。”这种眼镜的镜框用木片或牛角制成，中间有横梁，架在鼻子上，没有镜腿，使用者可用细绳缚于脑后。

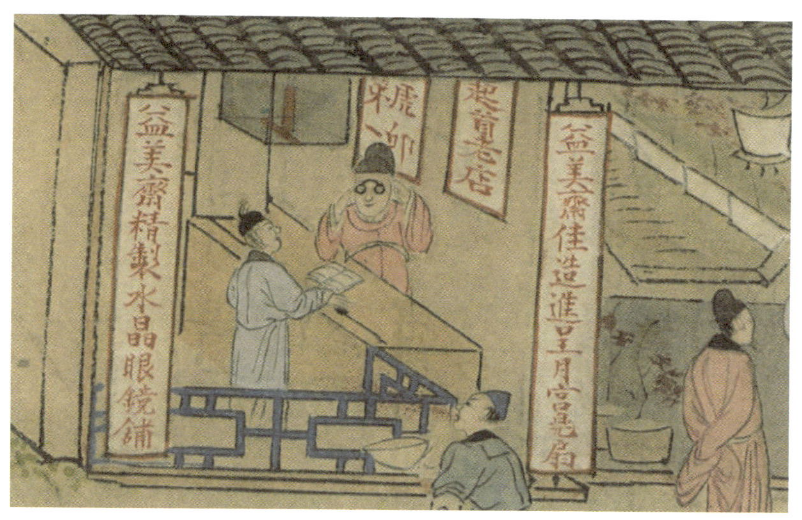

△ 古代没有镜腿的眼镜（出自《苏州市景商业图册》）

今人使用的有镜腿的现代眼镜源自西方，清代学者赵翼认为其在明朝宣德年间传入我国。十三世纪，欧洲出现了眼镜。随后，眼镜制造业迅速发展，意大利还出现了相关的行业规范。明朝仇英的名画《南都繁会图》就有戴眼镜的人物形象。

△ 《南都繁会图》中戴眼镜的老人

到了清朝，眼镜的使用更为普遍。那时的来华传教士，很多人将眼镜作为礼物献给清朝皇帝。这里的眼镜，既有老花镜，又有近视镜。清朝的雍正皇帝是个眼镜控，仅雍正九年（1731）获得的西洋眼镜就有百副之多。不仅收藏，雍正见到新式眼镜，还会命内务府仿制。清朝内务府下设有专门制造皇家御用品的造办处，其中就有专门制作眼镜的“眼镜作”。雍正皇帝还经常将眼镜赏赐给大臣，算作一种特殊的福利。

清朝时期，民间制造眼镜的作坊也开始兴起。乾隆年间，英国马戛尔尼使团访华，在广州就见到了这种眼镜作坊。使团人员在著作中记载道：“中国人不少戴眼镜的，他们把眼镜捆扎在头上。他们的眼镜片是水晶做的，广州工人能用一种钢锯把水晶剌成薄片……中国工人大概不懂光学原则，他们不能按着人的视力缺陷把镜面磨成相适应的凸度和凹度。他们把镜面磨成各不同的凸度和凹度，放在那里，供顾客自己试验配戴。”可以看出，清朝人卖眼镜没有今天验光的步骤，只是将不同度数的眼镜放在那里让顾客试戴选择。这个方法和过去农村集市上卖眼镜一样，没有量身定做，自己试戴合适即可。

由于民间眼镜作坊的发展，清朝文人和官吏戴眼镜成为普遍现象。乾隆时期，有一知府进京面见皇帝。知府相当于今天的市长，能见皇帝一面也是难得。这位知府在述职后向乾隆皇帝提出了一个特殊要求：“臣出发前啊，家中老母命臣务必瞻仰圣上龙颜，以便回去后向家母描述圣上的尊容，让她老人家不虚此生！”乾隆皇帝听后就乐了，下令道：“那你就看啊！”可是这位知府是个近视眼，眯缝着眼睛也看不清。“确认过眼神”，乾隆知道这位爱卿也是一个近视的人，便问道：“你有眼镜吗？”这知府还真从袖中掏出一副眼镜，戴上后，将乾隆皇帝仔细看了一遍。瞧瞧古人这情商，多会拍皇上的“彩虹屁”。

△ 清代眼镜（藏于上海历史博物馆）

眼镜刚传入中国时，其价格和一匹马一样昂贵。后来，眼镜作坊普及，成本降低，五六钱银便可买一副，差不多就是今天的五百元。这样亲民的价格，也是眼镜在民间普及的重要原因。

古人近视看不清字时，除了用眼镜来解决问题，还会请人来帮忙读书给自己听。宋人叶梦得在《石林燕语》中记载："欧阳文忠近视，常时读书甚艰，惟使人读而听之。"欧阳修这操作相当于雇了个"人工点读机"，哪里看不清就点哪里，估计文忠公得有好几百度近视。

26
古代有“人口普查”吗？

2020年，中华人民共和国进行了第七次全国人口普查。其实，我国自古就有“全国人口普查”，只不过其核心目的不是调查人口情况，而是防止老百姓偷税、漏税。

隋文帝建国之初，全国人口有四百万户。到了隋炀帝的大业年间，人口骤增到八百九十万户。短短二十多年间，人口就增加了一倍多。这些新增人口不可能都是生出来的，因为即便全国男女都从事造人活动，也不可能二十多年就生出一个国家。实际上，这些新增的人口中，一部分是新出生的，一部分则是加入了刚统一的南方人口，另外还有很大一部分是“全国人口普查”搜索出来的。

为什么人口还要搜索呢？因为中国古代有一种常见的社会现象——老百姓“隐匿户口”，其目的是逃税和逃役。古代赋税有两种征收标准：一是“税人”，即人头税，是人就得交税；二是“税地”，即土地税和财产税，有钱人多交税。很长一段时间里，人头税是古代最主要的税种，徭役、兵役的征发也是以人头为标准。由于以人口作为征收对象，户籍就显得十分重要。掌握了户籍数，国家的税收和兵役就能得到保证，政权就能稳定。也正因如此，古代政府非常重视给老百姓订立户籍，即“编户齐民”。

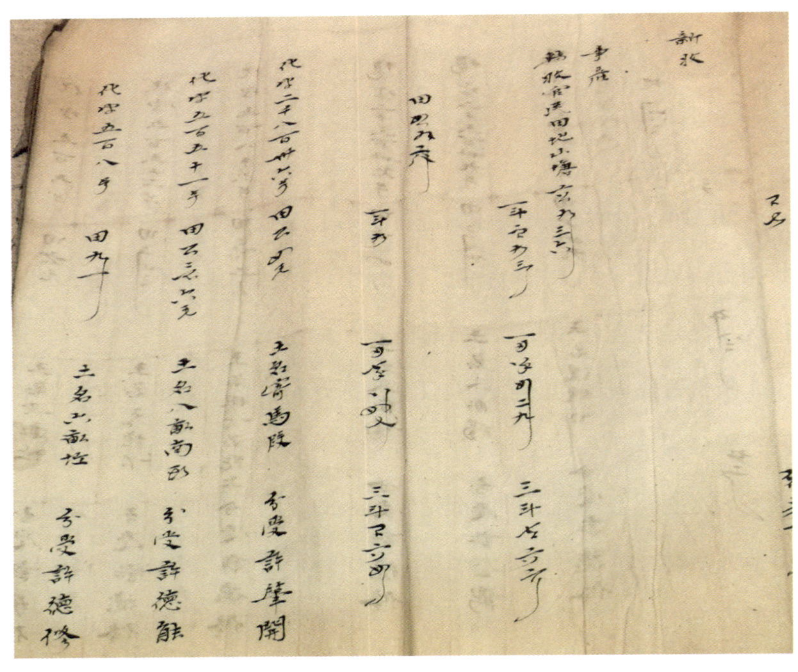

△ 明代洪武户籍黄册（藏于安徽博物院）

然而，每当战乱或饥荒时，户籍人口就会大量减少。有些是死了，更多则是逃往外地，成了流民。流民在新的生活地是没有户籍的，他们也不会主动去报立户籍，因为没户籍就不用交税了。乱世年代，国家掌握的户籍人口数量和实际人口数量会严重不符。“桃花源”里的民众，就是古代的偷税、漏税分子。

没税的生活，老百姓很“嗨皮”，皇帝却很崩溃。没人当兵，没人交税，皇帝就成光杆司令了。所以，古代政府每隔一段时间就会搞全国人口普查，审核并订立户籍。隋朝统一后，结束了魏晋以来的国家分裂状态，政局重新趋于稳定，政府管控力增强。这一情况下，隋朝政府进行了中国古代最为著名的一次“全国人口普查”，这就是大业五年的“大索貌阅”。

所谓“大索”，即大规模地搜索人口，针对“户口多漏”现象，找出那些隐匿户口的人，给他们订立户籍。所谓“貌阅”，实际就是看人的相貌。既然人都找出来了，你按人口征税就行了，为什么还要看相貌呢？难道是根据相貌收税，长得老多交税吗？还真是这样！

除了隐匿户籍的方法，中国古代还有另一种常见的逃税方法——谎报年龄。古代的人头税，针对不同年龄的人，征收标准是不一样的。以汉朝为例，对十五到五十六岁的人口征收算赋，每人每年一百二十钱；对七到十四岁的未成年人口征收口赋，每人每年二十钱；对五十六岁以上的老人免税。如果是八九十岁的老人，国家还会给予养老补助。如汉文帝下诏：八十岁以上的老人，每月赐米一石，肉二十斤，酒五斗。历代都是类似的征收标准——未成年减税，成年全税，老人免税。

古代的成年男子是纳税和服役的主体，被称为“丁”或“成丁”。历朝历代成丁的年龄标准不同，有的时候是十五岁，也有十八岁或二十岁的。这样的政策下，一些老百姓为了少交税或不交税，就会谎报自己的年龄，逃避“成丁”。日本学者池田温在研究唐朝人口情况时就发现了这样一个有趣的现象——十九岁的人口特别多，远超其他年龄的人口比例。这是因为唐朝的成丁标准是二十岁，很多人即便超过了二十岁也谎报自己十九岁，以逃避全税。

所以，古人真的希望自己永远十九岁，不仅年轻，还能省钱。古代统计户口时，都是老百姓自己上报家庭成员情况，称为“手实”。为了防止老百姓谎报年龄，隋朝在大索的同时也进行了“貌阅”，把十九岁的人口都召集起来，由官员看长相，看你到底像不像十九岁。除了十九岁以外，五十九岁、六十九岁等节点年龄也要貌阅，防止你谎报高龄以逃税或冒领养老补助。

由此看来，古人还真是看相貌收税。如果某家的孩子长得着急，十三岁的年龄便长了一副三十岁的面孔，那就对不住了——您得交全税。

饮食篇

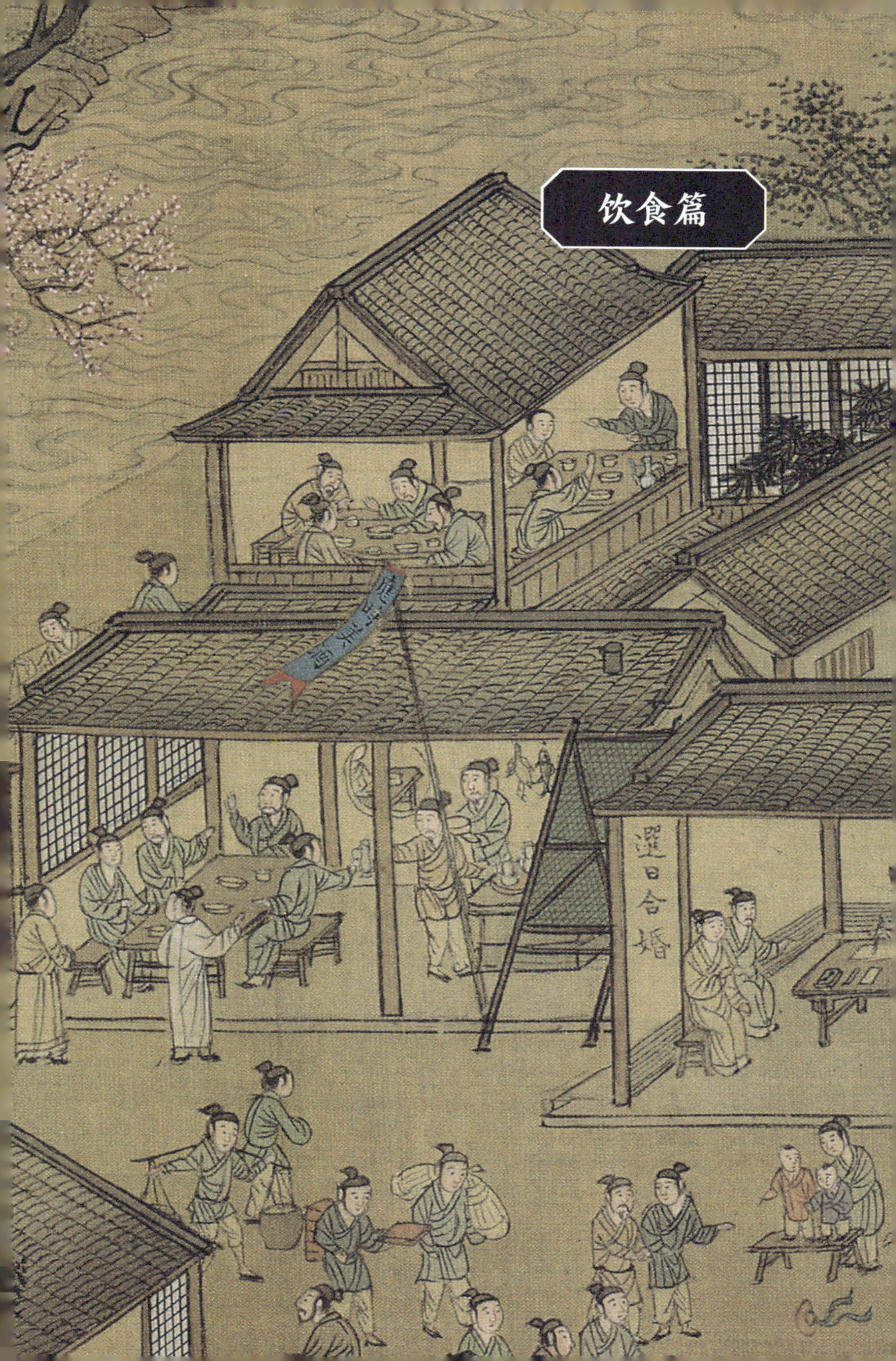

27
古人的主食有哪些？

看过电影《赵氏孤儿》的朋友，一定记得葛优在剧中把面条吃出了火锅感觉的名场面。但是，如果尊重历史真实，葛优是不该吃面条的，因为当时的主食里还没有面条这一项。那么，历史上各个朝代的主食都有哪些呢？

俗话说“人食五谷杂粮”。五谷即粟、黍、麦、稻、菽五种粮食作物，自古便是中国人的主食来源。然而在不同的历史时期，五谷的地位是迥然不同的。

粟，又称“稷”，即今人俗称的小米，是中国人最早的主食之一。中华文明发源于黄河流域的中原地区，这里以温带季风气候为主，春季干燥，夏季多雨。这种气候和粟的生长习性可以说是绝配：粟在幼苗期需要的水分不多，不怕黄河流域的春旱；等到了生长期需要大量水分的时候，黄河流域正值多雨的夏季，正好能促使粟苗壮生长。粟因此成为了古人最早青睐的粮食作物。繁衍于黄河流域的先人们，吃着黄河水滋养的粟米，可谓身土不二。

从先秦到唐宋，粟米饭一直是中国人的第一主食。古人用“杵臼”将粟脱壳，得到可直接食用的小米。小米可蒸饭，也可煮粥。今人也常喝小米粥，这可是跨越了八千年的古老味道。民以食为天，粟作为主食，直接关系到国计民生。所以，古人将粟的地位上升到了政治高度。江山社稷中的“稷”，就是粟的另一个名字。

排在古代主食榜第二位的是黍，也就是今天的黄米。黍的亩产量仅及粟的一半，地位远不如粟。但黍米蒸熟后黏黏的，口感非常不错，因此经常被老百姓用来待客。黍米饭待客的习惯至少保持到唐朝，孟浩然在《过故人庄》就写过“故人具鸡黍，邀我至田家”的诗句——铁锅炖好鸡，蒸好黄米饭，好朋友来了咱就干。记得王老师小时候去姑姑家时，表哥热情地邀请我吃在东北很流行的黍米饭拌荤油。可我终究没敢对这油腻腻的美食下口，至今不知其滋味如何。

小麦在《诗经》被提到的次数仅次于粟和黍，但是在中国出现较晚，四千年前才从西亚传入，是地道的“进口货”。最初人们并不会磨面粉，而是直接将麦粒蒸熟了吃，称为“麦饭”，估计味道不会太好。直到汉朝开始推广能将小麦磨成面粉的工具圆磨，人们才开始吃面条。因此，《赵氏孤儿》中的程婴若想吃面条，必须得往后穿越五百年。

尽管面食很晚才普及，但它似乎更符合中国人的胃口。一经问世，就霸占了中国人的餐桌。到了唐宋时期，国人的主食已经从米饭演变为面食加各种米饭。唐朝人将面食统称为饼：面条名为汤饼或索饼，烧饼名为胡饼，馒头名为蒸饼。古代也有叫馒头的面食，但一般都带馅，更像包子。这一时期，饺子也从馄饨中脱离出来，成为独立的面食。当时的西域也流行吃饺子，吐鲁番地区就出土过唐朝的饺子。

水稻是今人最常吃的主食作物，尤其是在南方地区。南方人食用稻米的历史很久了，比如初中历史课本提到的河姆渡文化遗址地区，七千年前就种植并食用水稻了。但在很长一段历史时期，我国的政治和经济中心都在北方地区，稻米作为南方局部地区的地域性食物，始终没有成为全国性的主食。直到宋朝，我国经济重心南移，还从越南引进了高产耐旱的占城稻，稻米才逐渐占据了国人的餐桌，从而形成了“南稻北麦”的主食格局，一直延续至今。

五谷中还有个菽，泛指豆类。其中最常食用的是黄豆，主要是蒸熟了吃。但黄豆口感很差，容易消化不良，吃完还容易放屁。那为啥还要吃呢？为了度过饥荒。黄豆是古代最重要的救荒作物，不仅能种在山地上，还能一年两收，产量也高于粟。所以，古人在食不果腹的饥荒年景就会用黄豆续命。在动荡的战国时代，黄豆甚至还成了主食。

因此，古人在先秦以前吃粟米和黍米，汉朝时期加入了小麦面食，宋朝时期又加入了稻米，在饥荒时吃黄豆续命，这就是中国古代长期的主食结构。

中国人以五谷为主食的饮食习惯延续了数千年，直到明清时期才发生了改变。新航路开辟后，原产自美洲的玉米、地瓜、土豆传入我国，成为国人的主食备选。特别是在饥荒时期，这些高产作物一度成为平民的第一主食。民国时期，社会动荡，穷人多以玉米、地瓜为主食。福建《霞浦县志》就记载："今民间食米十之二，食薯十之八。"新中国成立后，这种情况也未马上改变，甚至更加严重。我的父亲生长于东北的工业城市，从小以玉米面贴饼和玉米大碴粥为主食，吃大米、白面如同过节一般。汪曾祺的小说《黄油烙饼》，讲述的就是这个饥饿年代的故事。直到改革开放后，生活富裕了，中国人的主食结构才又回到了"南稻北麦"的格局。所以说吃饱饭，还得感谢改革开放！

28
古人爱吃什么肉?

今人爱吃肉，古人也爱吃肉，但肉在古代不是谁都能吃得起的，以至于“肉食者”还成了当权者的代名词。古代祭祀也要用牛、羊、猪三牲，合称“太牢”，是对先人最高级别的敬意。可见吃肉在古代饮食文化中的象征意义。孔子就是个肉食爱好者，收学费都要收束脩（也就是肉干），还用“三月不知肉味”来衬托听到美妙音乐时的愉悦感。

我们今天吃的猪肉多来自肉联厂，机械化屠宰，生产速度极快。古代的屠宰则全靠人力，所以需要大量的屠夫。唐朝武则天当政时期，都城长安的屠夫和更夫总共有八万人之多。汉朝名将樊哙、东汉外戚何进、蜀汉时期名将张飞，他们都是屠户出身。这可能是因为屠夫心狠手快，善于杀伐决断。屠户职业在古代多是世代相传，唐朝便有“京师有屠人，积代相传为业”的记载。尽管屠夫

△ 魏晋彩绘切肉图壁画砖（藏于甘肃省博物馆）

△ 魏晋彩绘烹肉图壁画砖（藏于甘肃省博物馆）

的社会地位比较低，但赚得却比较多。刘备创业时，靠的就是屠户张飞的资助。

那么，古人买肉方便吗？城市里还是很容易买到的。先秦时期的城市里，就有专门卖肉的市场，称为“屠肆”。唐朝都城长安有严格的坊市制度，商业区多限制在东西两市之内，屠肆也集中于此。宋朝城市繁荣，商业区突破了地域限制，沿街皆可经商，肉行也很常见。宋人追求生活舒适，如果懒得去肉店买肉，还可以在家等着肉贩送肉上门。《东京梦华录》记载，当时的肉贩“每人担猪羊及车子上市，动即百数”。古代的肉店都设有窖井，将肉储存于内，可低温保鲜。

△ 古代的肉铺（出自仇英《清明上河图》）

古人爱吃什么肉呢？牛肉肯定不行，因为牛在古代是重要的农用牲畜，法律禁止私自宰杀，即便爱吃也不能吃。先秦时期的人们爱吃狗肉，那时的狗肉还是贵族食品，被列入“八珍”。吴越争霸时，越王勾践为了鼓励人口生育，出台了激励政策：生男孩的人家，奖励一只肉狗和两壶酒；生女孩的人家，则奖励一只小猪和两壶酒。古代重视男丁，可见狗肉比猪肉上等。秦汉时期依然流行吃狗肉，樊哙早年就以屠狗为业，刘邦因爱吃狗肉与其结下了深厚的革命友谊，这就是“交狗肉朋友”说法的来源。据说刘邦吃狗肉从来不给钱，樊哙算是做了政治投资。

若论古人最爱吃的肉，还得说是羊肉。原因一是羊肉鲜美，二是古人认为羊肉更建康。羊肉是食草动物，传统观念认为比猪这种杂食动物干净。直到宋代，中医还认为久吃猪肉易得病。《太平广记》中，涉及唐朝人吃肉的内容有一百零七处，其中半数是吃羊肉。宋人更爱吃羊肉，特别是上层社会。宋神宗时期，皇宫御厨每年使用羊肉高达四十三万斤，猪肉则只有四千一百三十一斤。北宋大臣吕大防还说：“饮食不贵异品，御厨止用羊肉，此皆祖宗家法所以致太平者。”可见，吃羊肉已经上升到祖宗家法的高度。宋朝皇帝还经常赏赐给大臣羊肉，官员的俸禄里也有羊肉。

尽管宋人爱吃羊肉，但羊肉的价格在当时真心不低。北宋时，羊肉每斤一百二十文，合今天每斤一百元。之所以这么贵，是因为宋朝人口超过了一亿，人地矛盾尖锐，缺乏养羊需要的大片牧场。

到了南宋，北方适合养羊的领土尽失，羊肉价格更是水涨船高。《夷坚志》记载，南宋“平江九百一斤羊”，可谓天价羊肉。在宋朝撸一顿羊肉串，相当于今天在三亚吃“海胆蒸蛋”。

老百姓吃不起羊肉，猪肉的价格优势开始显现了。养猪很容易，因为猪不挑食，喂啥吃啥。养猪也不需要牧场，有猪圈就够了，养殖周期还短，一年可以出栏两次。因此，在尖锐的人地矛盾下，国人的食肉习惯悄然地发生了改变。从宋朝开始，猪肉渐渐成为平民的主要肉食。根据《东京梦华录》记载，每天从城郊赶进汴京城内的生猪，有万头之多。算下来，平均每人一天能吃三两猪肉。要知道，在改革开放前的凭票供应年代，一个月才供应六两猪肉。明清时期，猪肉已经成为国人第一肉食，上流社会也大量食用猪肉。满汉全席中，就有大量的猪肉菜品，如清蒸八宝猪。

今人买肉，最怕遇到注水肉。古代的无良商贩同样也会售卖变质肉和注水肉。古代政府通过立法手段严厉打击此类行为。张家山汉简《二年律令·贼律》中有“诸食脯肉，脯肉毒杀、伤、病人者……与盗同法”的法律条文，意思是说：售卖变质毒肉的行为等同“盗罪”。唐朝的《唐律疏议》规定得更为详细：有毒变质的肉类，必须马上销毁，否则“杖九十”；如果售卖变质有毒肉类，致人伤残的判处一年徒刑，如果致人死亡则处以绞刑。宋代将相关法令进一步具体化，还出现了处罚售卖注水猪肉行为的法条，《宋刑统》规定：肉贩在猪牛羊肉里灌水并出售的，“杖六十”；如果打完再犯，“徒一年”。要知道，古代的杖刑就是打板子，几板子下去就会皮开肉绽。古人用如此严厉的手段打击无良商贩，可见对食品安全的重视。

今天那些卖注水肉的奸商，多是被罚款或吊销营业执照。如果回到宋朝，就没那么容易放过了——卖注水肉者，屁股打烂；卖变质肉者，牢底坐穿！

29 古人吃什么水果？

尽管中国大地幅员辽阔，但位于热带的地区极少，算不上是水果的天堂。事实上，我们今天常见的水果品种，很多是近代才从外国引进的。那么，古人吃什么水果呢？

先秦时期，国人吃的水果大多都能在《诗经》里看到。如“桃之夭夭”中的桃子，“丘中有李”中的李子，“八月剥枣”中的枣子等。古人乐于借水果来表达自己的情感。例如“于嗟鸠兮，无食桑椹。于嗟女兮，无与士耽”这两句，说的是弃妇提醒斑鸠不要吃太多桑椹吃醉了，否则会落得被抛弃的下场，这里的桑椹指代男人的甜言蜜语。再比如“摽有梅，其实七兮。求我庶士，迨其吉兮”这两句，说树上的梅子正纷纷落地，还剩下七成，追求我的小伙子啊，不要再耽误良辰美景。在这首情诗中，掉落的不仅是梅子，更是青春期少女期待的眼泪。

△ 石榴（出自《宋人画榴枝黄鸟图》）

△ 林檎（出自林椿《果熟来禽图》）

△ 葡萄（出自林椿《葡萄草虫图》）

△ 枇杷（出自林椿《枇杷山鸟图》）

除此之外，《诗经》中还提到了梨、棠棣、猕猴桃、木瓜、山葡萄、甘蔗、榛子、栗子等水果或坚果。许多诗篇更是直接以水果命名，如《卫风·木瓜》《召南·甘棠》《魏风·园有桃》等。不过，这其中许多水果的味道和今天已大不相同。因为我们今天吃到的“古老水果”，多是经过后世人工嫁接培育出来的新品种。即便是古今皆有的水果，古人的食用方法和今天也不大一样。比如酸酸的梅子，古人不把它当水果吃，而是烹饪时当作酸味调料。

汉朝时，张骞出使西域，开通了陆上丝绸之路。此后，大量的“进口水果”传入我国，其中最具代表性的，当数葡萄和石榴。

早在商周时期，国人就已经食用山葡萄了。但这种葡萄是野生的，今人吃的大粒葡萄是汉代引进的欧亚种葡萄。西方国家栽培葡萄的历史非常久远，早在古希腊时期，葡萄便是西方人的日常经济作物。张骞通西域后，欧亚种葡萄传入我国。从此，“葡萄美酒夜光杯”成为了贵族生活的标配。东汉末年，孟佗还用一斛葡萄酒贿赂了宦官张让，谋得了凉州刺史一职，足见葡萄酒的身价之高。

石榴原产于伊朗和巴尔干半岛，张骞出使西域时，将石榴种子带回长安。从此，石榴被中国文化热情接纳，主要是因为其种子的颗粒特别多，这很符合传统文化中“多子多福”的寓意。除了葡萄和石榴，汉朝的文献中还出现了核桃等水果，它们也多是从西域传入的。

△ 慈禧画像中的苹果（藏于颐和园）

苹果在汉朝也已经出现，叫作“柰”或“林檎”。但和我们今天吃的苹果完全不同，这种苹果是绵苹果，口感极差，古人种植它不是为了吃，而是放在屋子里当香薰用。慈禧就特别喜欢苹果香薰的味道，一年便能消耗十五万个苹果用来闻味。我们现在吃的苹果，多是十六世纪英国培育出来的新品种，十九世纪末才引进到烟台地区。“苹果”一词也是外来语，源于印度佛经上说的一种红而甜的果子，其梵语音译为“频婆”。日本依然保留了中国古代对绵苹果的称呼，称为“林檎”（りんご），写法与发音都和中国古代一致。

很多人爱吃的西瓜也是“进口货”，原产于非洲。关于西瓜传入中国的时间，众说纷纭。这些说法中，传入时间最早的是汉朝，最晚的是元朝，时间跨度长达千年。流传最广的说法见于北宋欧阳修在《新五代史》中所说的“云契丹破回纥得此种”。契丹破回纥之役发生在辽代初年，此时距离唐末较近。考虑到外来植物的引种及推广需要一定的时间，所以西瓜极有可能是在唐朝末年传入我国新疆地区，尔后推广到中原。

明朝时，郑和下西洋，到访许多亚非国家和地区，也尝到了很多国人从未见过的新水果，比如被誉为“水果之王”的榴莲。郑和的船员记载道：“有一等臭果，番名‘赌尔焉’（榴莲英文名durian的音译）……若臭牛肉之臭。内有栗子大酥白肉十四五块，甚甜美好吃。”显然，郑和船员被这种闻着臭、吃着香的奇异水果所吸引了。然而，这种美味的水果并未随着船队带回中国。因为郑和下西洋的目的是政治性的，是为帝王宣扬国威和炫富。所以，他们会为帝王带回麒麟（长颈鹿），却不会带回榴莲和芒果这些“没用的东西”。

明朝中后期，中国开始闭关锁国，进口水果与近代文明一起被中国人拒之国门之外。直到晚清，中国的国门被迫打开，更多的水果品种才源源不断地进入中国，然后走进寻常百姓家。

与西方相比，中国古人不太钟爱水果。因为古人对植物的态度是“实用至上”，其最重要的价值是果腹。水果的成熟时间，基本上和粮食作物同步或者延后。有粮食吃了，谁还会惦记吃水果呢？中国古代的水果，要么是诗歌里的美好意象，要么是烹饪时的辅助调料，要么就是借用气味的香薰用品。当然，爱吃水果的人还是有的，比如爱吃荔枝的杨贵妃。著名的荔枝品种“妃子笑”，就是一千多年前杨贵妃“代言”的。

30 古人吃糖吗？

人生五味，酸、甜、苦、辣、咸。这其中，甜味是最能给人带来愉悦感的。小孩子哭闹时，家长常会哄着说“宝宝乖，妈妈给你买糖吃”，而绝不会说“妈妈给你买辣椒吃”或“宝宝乖，快来喝碗醋”之类的话。女生心情不好的时候，一块提拉米苏的功效抵得上一个心理医生。今天的甜味多来自蔗糖，俗称白糖。然而，在古代的很长一段时间内，国人是没有蔗糖吃的。

古人最早吃的糖是麦芽糖，先秦时就有了。麦芽糖有两种形态——块状和稀状，块状的称为“饧”，稀状的称为“饴”。《诗经·大雅·绵》中有“周原膴膴，堇荼如饴”的诗句，意思是在周原（周人先祖开国之地）这片肥沃的土地上，连苦菜都像麦芽糖一样甘甜，形容周人生活在一片希望的田野上。制作麦芽糖的原料一般是小麦、大麦或糯米。古时候粮食产量低，人们吃饱饭都是问题，不可能把大量粮食用来制糖。所以，麦芽糖是上层贵族享用的奢侈品，老百姓也只有在过年时才能尝一尝。民俗中有句老话："二十三，糖瓜粘。"这里的糖瓜，是一种用黄米和麦芽熬制成的糖块，人们在过小年时才能吃到。

今天吃的蔗糖以甘蔗或甜菜为原料，甜度远高于麦芽糖。甘蔗并非中国原产，它最早在公元前八千年前后种植于新几内亚岛，但在很长的历史时期内，甘蔗被用来喂猪而不是制糖。"糖"这个词的英文是"sugar"，德文是"zucker"，法文是"sucre"，据学者季羡林考证，它们都源自古印度的梵文"sarkara"。这从词源的角度印证了各国的制糖术起源于印度。印度人的制糖方法是将甘蔗榨出汁晒成糖浆，再煎煮成石头一般的蔗糖块。这种蔗糖传入中国后，被称为"石蜜"，其迷人的味道引起了中国人对其制作方法的好奇。

唐太宗时期，朝廷派出了以王玄策为正使的使节团，到印度北方的摩揭陀国学习制糖术。不巧，该国刚发生政变，新篡位的国王不太了解唐帝国的实力，居然袭击了使节团。王玄策是个很有胆量的人，他并没有跑回遥远的大唐去求救，而是选择绝地反击。他到邻国尼泊尔借来七千名精兵，又发檄文号召附近的大唐藩属国出兵支援，就这样拼凑出了一支万余人的"联合国军"，攻破摩揭陀国，俘虏了国王，最终也学会了制糖术。这就是历史上王玄策"一人破一国"的故事，被记载入了《唐会要》。电影《功夫瑜伽》中就提及了这段历史。

中国引进印度制糖术后，多次对其进行改进。早期的蔗糖不是白色，而是黄黑色，类似今天的红糖，主要原因是无法有效提纯。明朝时，中国人发明了“黄泥水淋糖法”，将蔗糖提纯成白糖，使其甜度大增。明朝的白糖曾出口日本，荷兰人还将其转运回欧洲赚差价。这种改进的制糖术后来又传回其发源国印度，印度人称这种白糖为“cini”，在印地语里就是“中国”的意思。

古代的欧洲人，最初只能从蜂蜜里找甜味。直到十一世纪十字军东征，他们才从中东学到了起源于印度的制糖术，吃到了蔗糖。

△ 《天工开物》（明崇祯十年涂绍煃刊本）中有关“黄泥水淋糖法”的记载

这种味道让欧洲人欣喜若狂，从此蔗糖迅速风靡欧洲上层社会。那时候蔗糖的价格非常高，几乎与黄金等同，是绝对的奢侈品。贵族吃甜品，喝咖啡，甚至喝茶都放糖。伊丽莎白女王嗜糖如命，把牙齿都吃黑了。于是上层社会也都特意把牙吃黑。要知道，这黑牙可是“女王同款”，是财富和地位的象征。

十五世纪末，欧洲人发现了美洲大陆，这片温暖的土地非常适合种植甘蔗。很快，欧洲人在美洲建立了大批甘蔗种植园，并掳掠非洲奴隶在种植园内劳动。在著名的三角贸易中，从美洲开出的船上，蔗糖是大宗商品。一船又一船的蔗糖被英国商船贩运回欧洲，不仅使廉价的蔗糖进入寻常百姓家，也让英国商人赚得盆满钵满。有学者认为，当英国工人喝了第一杯加糖红茶的时候，其历史意义甚至足以和蒸汽机的发明相提并论。因为蔗糖的大量贩卖，使英国迅速完成了资本原始积累，促进了资本主义发展，推动了世界的近代化进程。可以说，蔗糖是推动了人类历史发展的甜蜜食品。

尽管糖给人类带来了许多甜蜜，但是过多地摄入白糖对人体危害极大，不仅会导致肥胖，还会引发糖尿病、心脏病，甚至脚气，还会增加近视的风险。在此，王老师提醒朋友们：吃糖有风险，多吃须谨慎！

31
古代的调料有哪些？

中国的饮食文化博大精深，追求生理和心理的双重满足，讲究色、香、味、形、意全方位的美学标准。这其中，味道是核心。正因如此，中国烹调理论的核心就是调味。在调味过程中，调料的作用不可或缺。接下来，我们就来说说古人烹饪时都会用哪些调料。

俗话说开门七件事：柴、米、油、盐、酱、醋、茶。这七样日常生活必需品中，后五样皆可作为调料，足见调料在古人生活中的重要地位。而在实际生活中，调料远不止这五种。

古人讲五味调和，五味是咸、酸、苦、辣、甜。其中，咸味是五味之首，又称“百味之王”。《汉书·食货志》就引用王莽的诏书说：“夫盐，食肴之将。”也就是说，盐是调料中的霸主。

古人吃的盐，主要有海盐和井盐。海盐出现得早，根据《尚书·禹贡》记载，夏朝时的青州就在进贡海盐了。这里的青州，大致是今天山东与河北的沿海地区。宋元以前，海盐的制作方法为“煎盐法”。在制盐开始前，需要刮取海边咸土，用草木灰提取盐分，作为制盐原料。制盐开始，先用水冲淋上述原料，溶解盐分形成卤水；然后将卤水晾晒，去除杂质以提高盐的浓度。为了检测卤水，古人利用了物理学密度与浮力的原理，向卤水中投入莲子，根据莲子的浮沉位置判断盐的浓度。最后，将卤水置于敞口容器中煎熬，蒸发掉水分，最终获得盐粒。宋元时期，人们又发明了“晒盐法”，省去了煎熬环节，大大节省了燃料。井盐的制作方法也是大同小异，只是卤水的获得方法是直接打井开采于地下。

△ 古代盐田场景微缩景观（位于中国海盐博物馆）

酱也是比较古老的一种调料，起源于中国，《周礼》中有“百酱”之说。最早的酱是肉做的，将肉切碎，放入盐或酿酒用的酒曲，然后密封，放在太阳下晒，最终制作成酱。从汉代开始，古人用大豆做酱。根据《齐民要术》记载，当时的人将大豆蒸熟，加入盐、麦曲、草橘、黄蒸（一种用米和麦制成的发酵剂）等作料揉搓，然后放入瓮中压实并密封。将瓮置于太阳底下晒，约一个月后，黄豆表面便会长绿毛。这时取出捏碎，再放回瓮中并加入水和盐，拿到太阳底下晒。晒制期间，每天还要搅拌，晒满百天后就可以得到豆瓣酱了。豆瓣酱的制作过程很复杂，古人为了吃，一点也不嫌麻烦。

△ 豆豉工艺图

在制作酱的过程中，古人还学会了制作另一种古代常用的调料——豆豉。据南宋《梦粱录》记载，饭店里有“润江鱼咸豉、十色咸豉”等种类的豆豉。在酱的基础上，酱油出现了。酱油是液体，适合制作各种菜品，特别是凉拌。南宋《山家清供》记载了一道凉拌美食“柳叶韭”，具体做法为“韭菜嫩者，用姜丝、酱油、滴醋拌食”。据说这道菜不仅清爽可口，还有补肾利尿的药用价值，特别适合中老年男士食用。

古人最初没有醋，烹饪时用梅子获得酸味。将梅子捣碎后取其汁，制成梅浆，相当于果醋。大约在西周时期，古人掌握了谷物酿醋的方法。醋在古代称“酢”或“醯”。从字形上看，这几个字的左边都是“酉”，在甲骨文中是“酒”的意思，这说明酿醋起源于酿酒工艺。俗谚讲，“杜康造酒儿造醋”，这也说明酿醋和酿酒的工艺相近。自古以来，中国各地就有很多种醋，原料、工艺、味道不尽相同。当下，最具代表性的醋有山西陈醋和镇江香醋。山西陈醋酸得直率清爽，像中原汉子炽烈的性格；镇江香醋酸得绵软回甘，味道如同江南女子般温婉。南北两大醋王，彼此总是掐架，非要争个正宗。其实大可不必，汉子和妹子各有各的好，看你口味喜好。

至于甜味，今人烹饪时从蔗糖获得。唐朝以前，中国没有蔗糖，只能从麦芽糖或者蜂蜜中获取甜味。古人对甜味十分珍视，为了获取甜味食物，会直接用蜂蜜泡制食材。蜂蜜泡制出来的蜜饯，宋人称“蜜煎”。

看过《古代人的日常生活》的朋友一定知道，辣椒是在明朝末年才传入我国的。虽然古人很晚才用辣椒烹饪，但是古人的饮食里并不缺少辣味，辣椒传入前，花椒是辣味的主要来源。此外，葱、姜、蒜、茱萸和芥末，也是辣椒的替代品。

今人吃火锅要用蘸料，南方吃肉还多用蘸水，二者属于复合调料。古代也有这种复合调料，叫作“齑”（jī）。古人爱吃生肉丝和生鱼片，称作“脍”或“鲙”，吃的时候蘸着齑更为鲜美。《齐民要术》中记载了一种八合齑，即用八种调料调和而成。分别是“蒜一，姜二，橘三，白梅四，熟栗黄五，粳米饭六，盐七，酢（醋）八”。下次调蘸料的时候，你就可以试试八合齑，感受一下千年前的古老味道。

32
古代有自来水吗？

水是生命之源，人们的日常生活离不开水。在人口密集的城市，水的消耗量巨大。以王老师生活的长春市为例，日用水量在一百万立方米以上，相当于一天消耗掉一个济南大明湖。现代城市有供水系统提供的自来水，因此人们不再为吃水发愁。那么，我国古代的城市居民如何获得生活用水？他们也有“自来水”吗？

关于这个问题，我们分水源和输水线路两部分来说。

先说说水源。古代城市多建在河流附近，目的就是要满足城市用水。秦都咸阳，横跨渭水；西汉都城长安，素有“八水绕长安”之说；宋都汴京，栖息在汴河之上。不过，河水的流量有季节性变化，加上城市的人口不断增加，有时候会出现供水不足的情况。为此，古人还会修建蓄水工程来弥补天然河流供水不足的问题。比如，在长安附近修建的昆明池，最初是汉朝为征服南方昆明国而用来训练水军的，后来成为皇家园林，但最重要作用还是蓄水。唐朝长安的曲江池，也兼顾了皇家园林和蓄水工程两个作用。

有了水源，还要有输水线路将水输送到城内生活区。最常见的输水线路是水渠，有主渠和支渠之分。主渠穿城而过，与水源地相通；支渠与主渠相连，将水供应到每一片生活区。唐朝的长安城，有五条输水主渠，分别是龙首渠、清明渠、永安渠、漕渠及黄渠。根据《唐两京城坊考》记载，水渠宽约2.5米，深约3米。考古工作者曾在西安市区发现了一段唐代水渠，其宽3.4米，深6米。在没有挖掘机的时代，修建这样的水渠是一个很大的工程。

唐朝的水渠多为明渠，裸露于地表，蜿蜒绕城，有美化城市的作用。但是，明渠里的水裸露在外，很容易污染，因此古人还会修建暗渠。比如在大明宫龙首渠遗址，渠底、渠壁皆为石材，渠上盖有石板，密封性极佳。这种暗渠造价较高，多修建于皇家宫苑。有了它，皇帝就不怕有人在水渠里撒尿了。而在与汉朝同时期的古罗马时代，人们很早就意识到了水质问题。所以，罗马城的水渠皆为石材建制，要么是高架，要么是暗渠，保证了水质。并且，这种水渠是全民普惠性的，并非皇家专享，长度总共有二百千米。由此可见，在供水卫生这一点上，古代中国不如同时代的西方。

在河流与水渠密布的古代城市中，地下水资源也很丰富，人们还可以凿井取水，地下水也更为洁净。然而，如果我们考察唐代长安城内的水井遗址，会发现它们大多位于宫苑和府衙之内，老百姓的生活区几乎没有水井。这说明井水只供上层社会使用，老百姓很难享受到。原因可能是水井的造价较高，井壁四周皆要砌砖，老百姓负担不起。况且已经有了水渠供水，一般老百姓是不会费钱费力挖水井的。

△ 《清明上河图》里的水井

到了市民阶层崛起的宋朝，水井不再是贵族专享。北宋初年，汴梁城内的水井仍然多为官方专用的“官井”。老百姓使用官井是要收费的，称为“水课”，相当于今天的“自来水费”。宋真宗时，废除了水课制度，民众可以免费使用官井。同时，为了解决市民用水问题，北宋政府大力开凿居民区水井，仅庆历六年，就开凿了三百九十口民用水井。《清明上河图》中就有居民区水井的画面。方形的水井，中间十字交叉，形成一个“田”字。田字的四口皆可以用桶取水，提高了使用效率。由于井水清洁且使用方便，成为宋朝城市居民饮用水最主要的来源。在元明清三朝的北京城，老百姓也主要使用井水。今天，老北京城的居民区小巷称为“胡同”，就源自蒙古语里“水井”一词的音译，说明在元朝时，老百姓多围绕水井聚居。另外，在汉语里，城市里的街坊民居称为“市井”，这也说明了水井与民众生活的密切度。

水井附近的人家比较享福，离水井远的人家就麻烦了，远距离担水是很累的。不过别担心，古代还有“自来水”服务——人工送水。送水服务在古代也称为“沽水”或“贩水”，唐朝就已出现，宋朝形成了产业。宋朝从事贩水行业的人多为社会底层，靠出卖体力为生。贩水行业关乎民生，宋朝政府对其实行免税政策，以降低水价。贩水行业是“划片服务”的，每个水贩都有各自的服务区域。有的受雇于人家，包月服务；有的则直接沿街售卖。依据距离的远近，一担水的价格三五文，多的不超过十文。一户人家每天的用水量一两担，算下来，一天的买水费用约合今天十元钱。与今天的自来水相比，这个价格真心不低!

在古代，取暖做饭的薪柴费和水费一样，是日常生活的主要开支。因此，宋代便出现了“薪水钱”一词，表示每月挣的钱主要用来交薪柴费和水费，看来宋朝也到处都是“打工人”。后来，薪水就成为工资的代名词，沿用至今。

33
古人为什么分桌吃饭？

王老师小时候在看电视剧《三国演义》时，总感觉古人吃饭很“傲娇”，都是一人一桌分开吃，而且还要端端正正地跪坐于桌前进食，真替古人感觉累。古人为什么分桌吃饭呢？又是什么时候开始共坐在一张桌上吃饭的呢？

分桌吃饭是一种分餐制，源于原始社会的饮食方式。那时候食物较少，获得食物后要平均分配，大家一人一份，以确保每个人都能存活下去。进入农耕社会后，尽管食物充沛了，但由于文化惯性，古人依旧延续了分餐传统。分餐制在周朝被固定下来，成为一种礼制。贵族吃饭时，要正襟危坐于筵席之上，面前放置一个低矮的小餐桌，名曰“案”。案上放有食物，每个人的食物都是相同的，就像原始社会大家平均分配一样。如果某人发现自己案上的食物比别人少，便会认为受到了怠慢甚至侮辱。《史记·孟尝君列传》记载了这样一个故事：有一次，孟尝君招待宾客吃晚饭，有个仆从不小心挡住了灯光，一个宾客就多心了，以为这是在掩盖自己的饭食比别人少，站起来就要走。孟尝君见状，就亲自端着自己的饭食走到宾客面前给他看，证明大家的饭食都是一样的。那个宾客惭愧得无地自容，随即自刎以谢罪。可以看出，古人不但讲究食物规格，而且都很“要脸”。后来的秦汉和魏晋南北朝，基本也保持着这种分餐制传统。

古人之所以采用分餐制，除了受上古传统的影响，还跟当时人的坐姿有关。南北朝之前，中国没有椅子和凳子，大家都是跪坐在筵席或榻上的。（关于坐姿和筵席的问题，可以参看《古代人的日常生活》中《古人见面为什么要跪拜》一篇。）古人很讲究坐姿，必须是正襟跪坐，双腿并拢、上身挺直。绝对不可以双腿岔开、屁股着地坐着。古人称随意的坐姿为“箕踞”，是不雅和无礼的表现。孟子就差点儿因为坐姿的问题而和老婆离婚。《韩诗外传》记载：一次孟子回家，开门发现老婆“箕踞”地坐在屋里，孟子很生气，提出要离婚。孟子母亲得知后，批评孟子进门前应该先打招呼，喊一声“老婆我回来了”之类的话，孟子不声不响地进屋，是自己无礼在先，而不是妻子无礼。幸好有长辈及时地规劝，最终才避免离婚的悲剧。从此事可知，古人对坐姿非常在乎。

古人为什么如此在乎坐姿呢？根据近代学者尚秉和的考证，先秦时没有遮蔽下体的“合裆裤”，大家穿的都是开档的裤裙，“箕踞”很容易走光，只有正襟跪坐才能让裙摆遮住下体。而正襟跪坐时，身体行动不便，吃饭时只能够到眼前的饭菜，所以一人一桌。

南北朝时期，受胡人的影响，国人的坐姿发生了变化。胡人生活在草原，蚊虫遍地，如果跪坐地上满屁股都会是包。那胡人坐在哪儿呢？坐在马扎上，称为胡床、胡椅，传入中原后演化为椅子。另外，胡人日常骑马必须穿合裆裤。这种合裆裤在中原流行开来后，人们就不必正襟跪坐防走光了。随着椅子和合裆裤的流行，国人保持了上千年的坐姿发生了变化，从原来的正襟跪坐，演变为垂足而坐——屁股坐在椅子上，双腿下垂着地。这种坐姿符合人体工学原理，非常舒服，很快就流行开来。然而在当时，坐姿的变化还引起了不小的争论。在南朝的刘宋时期，就曾爆发过一场士大夫维护跪坐、反对僧人“踞坐而食”的斗争。保守派反对这种不合礼制的“踞坐”，将该问题上升到捍卫传统文化的政治高度。但是，在人类追求舒适生活的愿望面前，再强硬的传统文化也会遭到无情的抛弃。

坐姿的变化推动了餐制的变化，大家垂足而坐，行动就方便了，没必要一人一桌了。唐朝时，中国人从分餐制过渡到合餐制。在唐代韦氏家族墓壁画《宴饮图》中，人们已经围坐一桌吃饭了，坐姿各异。壁画中的椅子是长形的，有点像长条凳，但明显要矮许多，还保留了秦汉时期榻的特点。大家盘腿坐在长形凳上，也有单腿下垂的，看起来舒适惬意。

△ 唐墓壁画《宴饮图》

△ 《韩熙载夜宴图》（局部）

在五代十国时期的名画《韩熙载夜宴图》中，有一人一桌的，也有几人一桌的。坐姿也各不相同，有的垂足落地坐在椅子上，有的在床榻上盘腿而坐。这个时期不同的坐姿和餐制混合，说明当时仍处于从分餐制向合餐制过渡的阶段。

到了宋朝，桌椅高度和今天已相差无几。中国人彻底告别了跪坐时代和分餐制，完全进入了合餐制。在《清明上河图》中，描绘的吃饭情景已经和今人别无二致。直到今天，围着一个大桌吃饭依旧是中国人的饮食传统。从分餐制到合餐制，伴随的是古代家具、坐姿、观念的变化，也是胡汉文化的融合，最终也体现了儒家思想的“和”“同”观念。

34
古人如何下馆子？

今人下馆子喝酒，只要你有钱，随便点就是了，大不了照着菜谱上一遍。古代酒楼的服务方式与今天很不一样，接下来我们以宋朝为例，教教大家如何去酒楼下馆子。毕竟万一穿越回去，吃饭喝酒这种事咱可不能露怯。

酒楼行业兴起于隋唐，繁盛于宋朝。在《清明上河图》所描绘的汴京街景中，酒肆鳞次栉比。宋朝的酒楼分为两种："正店"和"脚店"。二者的区别在于是否有酿酒权。宋朝官方掌握国营酿酒坊，同时也允许民间酿酒，但需要获得官方授权，并且只能从官方购买酿酒用的酒曲。拥有酿酒权的酒楼便是正店，其余的大部分酒楼没有酿酒权，它们要么从国营酿酒坊进货，要么从正店进货，统称为脚店。通俗地讲，正店相当于今天的"旗舰店"，脚店则是"加盟店"。

△ 《清明上河图》里的正店

走在汴京的大街上，你一眼便可认出哪些是酒楼。除了皇宫，装修最豪华的便是酒楼，尤其是那些正店，很高很显眼。其中最著名的酒楼名叫樊楼，楼高三层，下面还有两层石砌台基，总高度有五层楼。这个高度在古代非常了得，周围街景一览无余。但是樊楼内的西侧房间是不能开窗眺望的，因为西面就是皇宫了。吃饭之余，还想顺便看看皇帝家的“直播”？这是绝对不允许的。

酒楼不仅高，门面装饰也非常“豪横”。门前用长木杆搭起与楼齐高的“彩楼欢门”，每一层搭出山形花架，装点上花鸟饰物，再在檐下垂挂丝绸流苏，精巧又华丽。酒楼门口或屋顶上，还挂着高耸的“望子”，又称“青帘”或“酒旗”，多用青白布制成，上面写有酒楼的宣传广告，很远便可望见。此外，高档酒楼大门两侧还会装一排木质栅栏，用来拦挡行人和车马，这种特制的栅栏被称为“枑马叉子”，宋代以前只有官府门前能用，可见宋代酒楼的牌面之高。

△ 《清明上河图》里的脚店

走到酒楼门口，千万别慌，装作常客的样子，稳当地走进去。门口会有两个帅气的小厮招呼你，相当于今天的门童迎宾。他俩“头戴方顶样头巾，身穿紫衫，脚下丝鞋净袜”，俯首躬腰将你引导到座位。如果你想体会市井的热闹，坐在大厅就好了。大厅里有很多张大小不一的桌子，名曰“座头”。如果你想和朋友边吃边聊点私事，那就上楼上的“阁儿”，也就是包房。

入座后，先来服务的是“过卖”，即点菜的伙计。过卖很有眼力见儿，而且记忆力非常好。帮你点完菜后，他会将所点菜品一次性传唱给“铛头”，即厨师长。二人配合十分默契，所有菜品只须传唱一遍即可。接下来，专管点酒的酒保会过来为你服务。和今天不一样，宋代高档酒楼里菜和酒是分开点的，过卖和酒保各司其职，保证服务的专业性。

酒菜点完，稍息一会儿，“行（xíng）菜者”就会为你上菜。这些行菜者端菜可是绝活，左手捧三个碗，右臂展开能托二十个碗，并且保证不会上错。高档酒楼对服务品质的要求极高，假如菜名报错或菜上错桌了，行菜者会被扣工资甚至开除。菜上来后，就要轮到“量酒博士”出场了。虽称博士，但他们并非学者，只是负责打酒、量酒、筛酒的服务员。博士是大家对他们从事专业的尊称，类似今天理发店里的“托尼老师”。上酒菜的过程中，过卖也不会闲着，他们会观察桌上的菜品变化，不断为你换菜。当你举杯饮酒时，会为你换上“细菜”，也就是开胃小菜。换完细菜后，高档名菜就会压轴上场，让你整场饭局的吃喝很有层次感。

宋朝酒楼里还有很多闲散的编外服务员，比如“闲汉”，长年在酒楼等待为顾客提供有偿跑腿服务的机会。如果你想加点外面的菜品，闲汉就会帮你去买，相当于今天的送餐小哥。从中可以看出，宋朝酒楼的经营之道很是大气，并不会“谢绝自带酒水”。

△ 《清明上河图》中的外卖小哥

酒到酣处，有人助兴吗？当然有。宋朝酒楼为了给顾客提供全方位的服务，允许歌妓在酒楼卖艺，时人称为“赶趁”。常见的卖艺项目是弹唱，另外还有吹箫、弹阮、锣板、散耍等。客人们在品尝美酒佳肴之时，“随意命妓歌唱，虽饮宴至达旦，亦无厌怠也”。

古今人心是相通的，孔子讲“食色性也”，今人说“世间唯有美食与爱不可辜负”。人性中最渴求的两件美好事物，宋朝的酒楼都能够满足你。

35
古代的高端饭局有哪些菜？

何谓高端饭局？王老师认为应满足两个条件：一是参加饭局的人非富即贵，二是菜品一定要高端且考究。真正的高端饭局，平民百姓很难见识到。但没关系，我们可以在历史中体验一番。接下来，王老师就带大家回到唐朝去参加一场高端饭局——烧尾宴，看看古代的高端饭局都吃些什么。

唐朝的烧尾宴，要么是进士及第后的答谢，要么是官员升迁后宴请同僚。至于为何叫烧尾宴，说法有很多。一说虎化为人，只有尾巴不化，所以必须烧掉才得人形；二说新羊进入羊群会被其他羊排挤，只有烧掉尾巴才能融入群体；又说鱼跃龙门，必须雷电烧其尾才能化身成龙。烧尾宴的文化意义类似于升学宴或者升官答谢宴，为今后的仕途打下人际关系基础，并提醒当事人今后夹起尾巴做人。

参加烧尾宴的人都是达官显贵，皇帝本人有时候都亲自参加，所以菜品极尽奢华。景龙三年，韦巨源官拜尚书左仆射（官位相当于宰相），于是在家设烧尾宴来答谢唐中宗。这次宴会的菜单被记录下来并流传千年，是现存唯一的唐代烧尾宴菜单。该菜单共列了五十八道菜品，最难能可贵的是在每一道菜品后还附有用料及制作方法。接下来，大家准备好面巾纸，随时擦拭从嘴角流下的口水。

单笼金乳酥：一种面食，用料中加乳脂，出笼后色泽金黄，酥香可口。类似今天的千层酥之类。

御黄王母饭：用粟米精制成黄米饭，将肉脂与各种物料组合的“杂味”浇在上面。

通花软牛肠：羊骨髓加上其他辅料灌入牛肠，蒸煮而食。这个有点儿像内蒙肉肠。

光明虾炙：把活虾放在火上烧烤，使其光泽鲜明透亮。这个很像今天日料里的盐烤大虾。

金银夹花平截：取蟹黄、蟹肉夹在蒸卷里面，然后切成大小相等的小段。类似蟹肉春卷。

冷蟾儿羹：即蛤蜊羹，冷却后凉食。

素蒸音声部：尽管是一道面食，但技法要求高，要用面塑蒸制成一个70人乐队的形象。

升平炙：烤羊舌和烤鹿舌300条，拌而食之。估计这道菜一定很好吃，毕竟原材料都那么贵。

清凉臛碎：是用狸肉做成羹，凝固后切碎凉食。这个菜类似肉冻儿，做法近似东北皮冻儿。

暖寒花酿驴蒸：用酒及作料浸泡驴肉，然后上笼把肉蒸烂。如果用茅台酒蒸，想必味道会更好。

汤浴绣丸：用肉末和鸡蛋做成肉丸子，如绣球状，然后加汤煨成。这个就是今天的狮子头汤。

红罗丁：用牛羊奶脂加鸡血丁制成的冷盘。类似今天鸭血之类的血制品。

葱醋鸡：先把鸡蒸熟，然后用葱、醋等作料拌食。这道菜的味道估计和于谦介绍的白斩鸡很像。

遍地锦装鳖：以鳖——甲鱼为主料，配以鸭蛋黄和羊油烹制而成，出菜时还会加上华丽的点缀。

五生盘：将羊、猪、牛、熊、鹿五种动物的嫩肉切成细丝，调味后生食。不过，吃这道菜时可得小心寄生虫。

分装蒸腊熊：将熊掌或熊肉制成风干腊肉，然后蒸熟而成。当然，这道菜在今天肯定会被禁止。

水炼犊：清炖整只小牛，要求“炙尽火力”，把肉炖烂。可见古代的高层人士是能吃到牛肉的。

天花饆饠：也可写作“毕罗”，源自西域，是一种包有馅心的面制点心，用天花菜做馅料。

雪婴儿：将青蛙（田鸡）剥皮去内脏，粘裹精豆粉煎贴而成。色白如雪，形似婴儿，故得名。

巨胜奴：酥蜜寒具，所谓“寒具”类似于今天馓子一类的油炸面食，和面时加入了蜂蜜和羊油。

篇幅有限，我们只能介绍烧尾宴五十八道菜中的一部分新奇菜品。朋友们且将口水擦干，我们再来说说这些菜品所体现的历史信息。

首先，这些菜体现了唐朝的胡风特色。与传统的中原王朝不同，唐朝发源于关陇集团，是南北朝后期胡汉融合的产物。李唐皇室本身就有很重的鲜卑族血统，因而饮食文化上带有很重的胡风，特别是在上层社会。“胡食”以羊肉为主料，辅以奶乳和油脂，重烧烤，重原味。烧尾宴中的很多菜品是胡汉美食的结合，体现了当时开放、包容的社会风气。其次，烧尾宴还体现了中国南北饮食文化的碰撞与交融。南方盛产的水产品频繁出现，比如螃蟹、蛤蜊、甲鱼等。至于菜品里的熊掌，则可能来自东北。

了解完唐朝的烧尾宴，估计有的朋友也看饿了。尽管可能吃不到所有的菜品，但至少现在我们知道了，饭局想高端一点儿其实也不难，比如点一份麻辣烫外卖，再加份鱼丸。

36 古代的军粮长什么样？

军粮影响着一场战争的胜负成败，关乎国家的生死存亡。自古以来，历代统治者和军事家都非常重视军粮事务。“兵马未动，粮草先行”“兵无粮草自散”“朝廷不差饿兵”，这些治兵名言都是对军粮重要性的诠释。那么，古代的军粮具体长什么模样呢？

在古代，军粮的种类和老百姓口粮的种类基本一致。但由于军粮需要经历长距离的运输，因此有两个特殊的要求：储存时间要长；运输负担要小。古代最常见的军粮是粟，即小米。例如《史记·平准书》记载：“匈奴数侵盗北边，屯戍者多，边粟不足给食当食者。”原因一是古人有以粟为主食的传统，二是粟的保存时间要长于其他粮食。《旧唐书》记载“粟可藏九年”。隋朝灭亡20年后，留在长安的存粮还可以食用。

一个军人每天能分到多少军粮呢？《汉书》记载："合凡万二百八十一人，用谷月二万七千三百六十三斛，盐三百八斛。"也就是说，每个士兵每月能分到二斛多的粟米作为军粮。汉代的一斛即一石，相当于今天的二十七斤。平均下来，一个士兵每天需要二斤多的粟米。这里的粟应该是还没有去壳的，去壳后只剩下原来七成左右。算下来，每个士兵每天能吃到一斤半左右的小米。这个分量只能让士兵勉强吃饱，因为那时候没有其他副食，一天的能量全都靠这些小米补充。士兵们将小米和挖到的野菜放到一起煮，煮成很稠的菜粥喝。条件好的士兵还会放点肉糜，类似今天的皮蛋瘦肉粥。粥里还要放盐，所以除了粮食，古代的军粮还要供应盐，大约每人每月一斤。

古代也有用大米做军粮的。公元前308年，秦国大将司马错率领十万巴蜀士兵讨伐楚国，携带了六百万斛大米。两千多年前的军粮就有大米了，可见天府之国的富裕。唐宋时期流行吃面食，大饼成为军粮。相传，陕西的"锅盔饼"就是古代的军粮，因形似士兵的头盔而得名。宋朝时，地方城市负责制作干粮、麻饼等军粮。士兵还能分到茶、酒、大酱等副食品。

明朝万历年间，日本入侵朝鲜，明朝出兵援朝。有关军粮的文献中多次提到米和豆，这些应该就是明军的主要军粮。这里的豆指黄豆，在古代主要用于应急救荒，可推测明军的军粮供应情况比较紧张。红军长征时期，士兵也曾以黄豆为军粮。央视节目《开学第一课》曾讲到，红军士兵一天只吃一粒黄豆维持生命，这着实让人佩服！

在清朝统一准噶尔的战争中留存了大量关于军粮的文献记载。清军的军粮分为“行粮”和“坐粮”。行粮发给士兵，坐粮发给士兵家属，由当地官府负责发放，目的是让军人无后顾之忧。行粮主要包括粟米和炒面。这里的炒面，不是兰州牛肉面馆里的炒拉面，而是面粉经过炒制后得到的粉状干粮，有点像今天的油茶面。吃炒面的时候，需要配合喝水才能下咽。炒面易于保存和食用，但口感较差。在抗美援朝战争中，中国志愿军依然在吃这种炒面军粮，即著名的“炒面配雪”。

古代军粮很少有肉，一般只有军中举行宴会时士兵才能吃到肉，即所谓的“八百里分麾下炙”。这是因为粮食的运输比较麻烦，需要大量的运输工具，保存不善还会有大量损耗。针对这个问题，清军想了一个妙招——赶着牛羊到前线做军粮。因此，在清军的军粮分配中，粟米、炒面和牛羊肉各占三分之一。两只羊抵一个月口粮，一只牛抵三个月口粮。相比于明朝的万历援朝战争，清朝在对准噶尔战争中的军粮供应还是比较给力的，这也是清军能够获胜的重要保障。

古代战争动辄数万人，一打就是几年，消耗的军粮数量惊人。这么多军粮来自哪里呢？

条件允许的话，可以就地屯田，征召前线附近的军民耕种。这一招可以吃粮不求人，曹操当年就是用这招称霸北方的。如果前线条件不允许，那就只能从内地运输粮食到前线军区了。运输军粮是一项很庞大的工程，既要配备运输的车船，还要建设交通道路和征发大量的民工。隋朝当年开通大运河，目的之一就是为征讨高句丽的战争运输军粮。

为了调动民间力量运送军粮，古代政府还出台了一些专项扶持政策，比如盐引制度。每向边疆军区运送一次军粮，政府就会给运输人一些“盐引”作为奖励。盐引是民间贩卖食盐的特殊许可证。盐在古代是国家专卖商品，民间不得擅自经营，但其利润非常高，因此很多商人为了获得盐引而主动为国家运输军粮。这实际上是用经济杠杆来解决军粮运输问题。

古代战争的胜负，军粮补给往往是关键。比如三国时期的官渡之战，袁绍实力远在曹操之上，但曹操偷袭了袁绍屯粮的乌巢，最终成功逆袭。相比之下，古代的游牧民族就少有军粮问题的困扰，因为他们要么打到哪抢到哪，随时随地补给，要么就是携带便携式军粮。成吉思汗时代，蒙古军队就食用特殊的压缩牛肉干军粮——布勒刺。一头牛的精华红肉经过风干、撕碎、冲压之后，被塞进一个牛膀胱袋里。一袋布勒刺够一个士兵吃三十个礼拜，蒙古军队从布勒刺的准备数量上就可以估算出本次出征可以动员的军队数量。依靠这种压缩军粮，蒙古军队从黑龙江一路征服到了多瑙河。

文化篇

37
古代的报纸长什么样？

近年来，随着移动互联网的发展，报纸行业遭到了前所未有的冲击。甚至有人断言，在新媒体时代，报纸最终会走向消亡。那么，在古代，看报纸的人多吗？古代的报纸长什么样？这一篇咱们就来聊聊这个话题。

我国最早的报纸是唐朝出现的“邸报”。邸报中的“邸”字，原意是高级官员的住所，即官邸。唐朝中后期，地方藩镇的节度使势力强大，为了方便与朝廷沟通，节度使纷纷在都城长安设立办事机构。这些办事机构的正式名称为“进奏院”，简称“邸”，类似于今天地方政府的驻京办事处。邸的负责人称为“邸吏”，相当于驻京办主任。他们代表节度使向朝廷呈递各种奏章，接收和代传朝廷下达的文书，办理地方需要和朝廷各部交涉的事务。

另外，邸吏还要负责一项重要任务——搜集朝廷和都城的各种政治消息，如皇帝到哪儿视察、皇帝下达哪些重大旨意、高级官员的任免情况等。邸吏会把这些情报整理成书面报告发送给节度使，称为“进奏院状”，俗称邸报。

到了宋朝，中央集权加强，进奏院受中央政府管理，对朝廷负责。宋朝的进奏院相当于今天的新华社，邸报相当于今天的《人民日报》。为了加强对邸报的管理和对舆论的引导，宋朝还形成了“定本制度”。这一制度要求邸报的样本必须先报送朝廷，经过朝廷审查后形成定本，然后再抄发给各级官员，进奏院是无权修改定本的。邸报的审查，一般由枢密使或宰相负责，这反映出宋朝政府对邸报的重视。

宋代的官员很喜欢看邸报，一来可以获知重要的政治信息，二来可以满足好奇心。苏轼在《小饮公瑾舟中》中就曾写道：“坐观邸报谈迂叟，闲说滁山忆醉翁。”可以想象，宋朝官员的下午生活可能就是一杯茶水配邸报，相当惬意。

由于宋朝有严格的定本制度，邸报的新闻内容受到了很大的限制。邸报只能报道六类新闻：皇帝诏旨、皇帝动向、官吏任免、臣僚奏章、军事情报、刑罚公告。像自然灾害之类的负面新闻，邸报是不允许报道的，因为古人信奉天人感应，灾异代表着上天对皇帝的警告。报道这个，相当于变相批评皇帝。其他的像奸人、凶杀、贪官等方面的新闻也是不能报道的，这些都属于社会“负能量”。一些敏感的军事信息及与邻国交往信息也是不能报道的，防止泄露军事机密。换句话说，宋朝的邸报只能报道“正能量”的新闻，还不能涉及政治敏感话题。

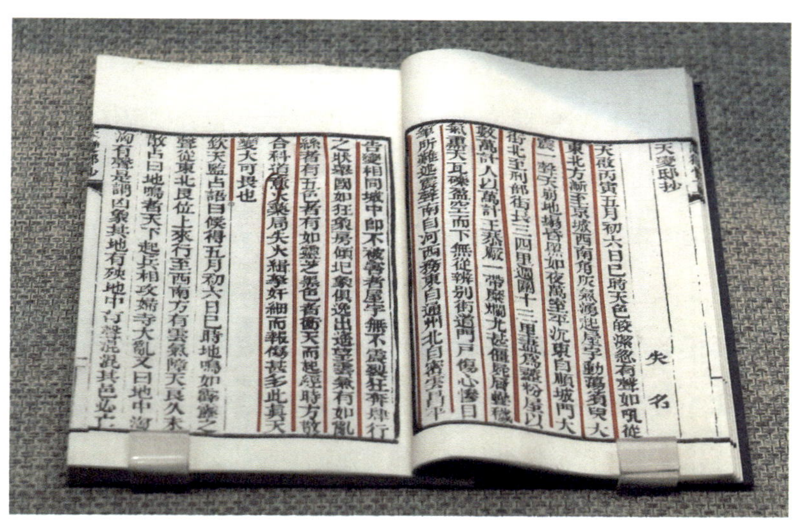

天變邸抄　失名

天啟丙寅五月初六日巳時天色皎潔忽有聲如吼從東北方漸至京城西南角灰氣湧起屋宇動蕩須臾大震一聲天崩地塌昏黑如夜萬室平沉東自順城門大街北至刑部街長三四里周圍十三里盡為齏粉屋以數萬計人以萬計王恭廠一帶糜爛尤甚僵屍層疊穢氣熏天瓦礫盈空而下無從辨別街道門戶傷心慘目筆所難述震聲南自河西務東自通州北自密雲昌平

告變相同城中即不被害者屋宇無不震裂狂奔肆行之狀舉國如狂象房傾圮象俱逸出遙望雲氣有如亂絲者有五色者有如靈芝黑色者衝天而起經時方散合科道[illegible]火藥局失火大緝拏奸細而報傷甚多此真天變大可畏也

欽天監占語曰候得五月初六日巳時地鳴如霹靂之聲從東北艮位上來行至西南方有雲氣障天良久未散占曰地鳴者天下起兵相攻婦寺大亂又曰地中洶洶有聲是謂凶象其地有殃地中有聲混混其邑必亡

△ 报道了1626年王恭厂大爆炸事件的明朝邸报《天变邸抄》

邸报作为古代的官报，其受众群体主要是官员阶层，一般老百姓对其兴趣不大。说到这里，王老师不由得想起了电影《耳朵大有福》中的一个片段：退休工人王抗美到擦鞋铺里闲逛，铺内有很多报纸供顾客闲看，王抗美特意询问是否有《人民日报》，装成自己是干部的样子。古往今来，阅读官报都是官员阶层特有的爱好。为了满足广大人民群众的新闻趣味，宋代还出现了一种民间“新媒体”——小报。

最初的小报，大多是官员及其家属制作，以进奏院的官员居多。他们都是“消息灵通人士”，能接触到一些官方不便公开报道的内部消息，将这些消息手抄成小报传送，有点像今天的手抄报。这种手抄小报广受人民群众喜爱，于是有人开始以制作和售卖小报为业，小报也从手抄报变成了雕版印刷报。为了获得一手新闻，小报行业还出现了“探官”这职业，相当于今天的记者或狗仔队。

小报的内容十分广泛，除了转发邸报的重要消息外，还会报道一些朝廷泄露出来的敏感新闻，或提前报道官方还未公开的新闻，或者是街头巷尾热议的“有意思”新闻，可读性极强。由于小报不需要接受官方的审核，所以报道的时效性极强。时人形容小报是“日出一纸”——刚发生的新闻，第二天就会见报。甚至有学者认为，在小报的运作过程中，“新闻”作为专业的名词才真正出现。

小报内容广、发行快、可读性强的特点，使其成为官民皆宜的“新媒体”。但是，小报自诞生之日起就被官方视为非法出版物，官府屡屡对其查禁，却又屡禁不止，甚至越禁越火。到了南宋时期，小报的发行呈现出鼎盛状态。宋史学者程民生在论述宋朝小报的历史意义时说：“以前的禁令没有起到任何作用，小报依然有着旺盛的生命力……（宋朝）实际上的新闻自由度还是比较大的。”

如果能穿越历史的时空，行走于大宋朝的繁华市井，你会听到“已有小报矣”“小报到矣”的叫卖声不绝于耳。掏出几个铜板，买份小报，配上抹茶，享受这阳光明媚的午后时光。不要怀疑，这就是一千年前宋朝的日常生活。

38
古人是怎么出书的？

1990年，小说《百年孤独》的作者马尔克斯到访中国。当看到街头的书店、书摊到处都在卖他的盗版书，这位诺贝尔文学奖得主可被气坏了。据说他放下狠话，称自己死后一百五十年内不授权中国出版他的作品，尤其是《百年孤独》。的确，对作家和出版社来说，最害怕的就是盗版。古代也有盗版书吗？古人是怎么出书的呢？这一篇咱们就来聊聊古代的出版行业。

在雕版印刷术出现之前，图书的复制全靠人工抄写，这就是历史上的“写本时代”。在汉代，专门以抄书谋生的人被称“佣书”。东汉军事家班超早年家贫，就靠抄书赡养母亲。他们或受雇于人，或自己抄完再拿到市场上出售，这就是中国图书出版业的源头。私人抄本没有版权概念，所以写本时代的图书多是“盗版书”。当时也有一些官方编撰的正版书，汉朝的兰台就是官方的图书编纂机构。对于一些经典书籍，官方还会将其内容刻在石碑上，供大家抄写和勘校抄本的谬误。这其中最著名的便是汉朝的熹平石经，官方将《论语》等七部经典刻在了四十六块石碑上，可视为最早的正版教科书。

△ 雕版复原模型（藏于赣州市博物馆）

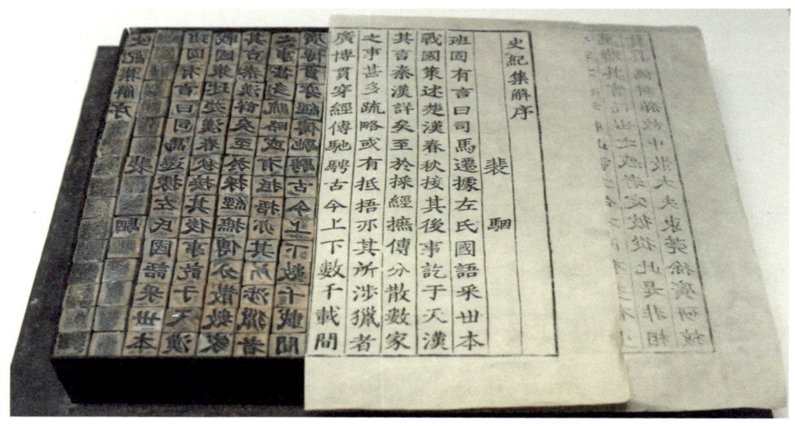

△ 毕昇活字版复原模型（藏于中国国家博物馆）

唐朝贞观年间，雕版印刷术发展起来，历史进入“刻本时代”，真正意义上的图书出版业开始出现。雕版又称刻版，操作时先将文字刻在木版上，印刷后装订成书。“出版”的“版”字，本意即古代的刻版。这种刻本图书从唐朝一直流行到近代，兴盛了一千三百多年。有的朋友可能会疑惑：宋朝的毕昇不是已经发明了活字印刷术吗，为什么后来流行的仍然是刻本图书呢？这其实是大家一直以来的一个误区，活字印刷术在古代的实际作用一直被夸大了。活字印刷的印书质量远不如刻版，且汉字太多，挑字排版很麻烦，在古代使用极少。中华人民共和国成立后出版的《北京图书馆善本书目》，一共收录了古代图书一万一千多部，其中属于活字印本的只有一百五十余部。

古代的刻版图书分为三种——官刻、私刻、坊刻。所谓官刻，是指官方刻版印刷的图书。私刻就是私人出钱刻版印刷的图书，这种书多是学生出资为老师刻版印刷，或是子孙为长辈刻版印刷。对古代图书行业影响最大的，当数坊刻图书。

所谓坊，即书坊，是专门编辑、刻版、印刷、售卖书籍的商业部门，类似于今天的民营图书公司。本书的出版策划公司读客文化在古代就应叫作“读客书坊”。书坊在唐朝就已出现，繁荣于宋朝，鼎盛于明朝。有学者粗略估算过，明朝共有四百多家书坊，集中在江南地区，尤以南京、苏州、杭州为多。

书坊采取的是完全的市场化运营，多是前店后厂，前面卖书，后面刻版印刷。什么书好卖，书坊就刻什么书，市场针对性很强。什么书最好卖呢？查看当下的图书畅销榜，排在最前面的往往是小说。古代的情况也如此，小说最好卖。清人金缨在《格言联璧》中说："卖古书不如卖时文，印时文不如印小说。"比如《三国演义》和《水浒传》，在明朝也是印了一版又一版。可惜古代没有版权意识，作者一毛钱的版税都拿不到。

尽管没有版税收入，但古代的作家可以通过"约稿"赚钱。明朝后期，很多文人兼职做畅销书作家。比如参加应天府乡试失利的凌濛初，为了赚钱，就应了书坊的"约稿"，编纂了针对通俗市场的小说集《初刻拍案惊奇》，结果大卖。几年后，他又写了续集，称为《二刻拍案惊奇》。所谓"二刻"是指第二次刻版，即为续集之意。再比如明朝小说家许仲琳，没钱给女儿置办嫁妆，就潜心数月写了一部长篇玄幻小说，给女儿当嫁妆。女婿把书稿拿给书商看，书商大喜，认为此书必定会大卖，遂重金购得。这部书就是《封神演义》。

古代书坊也深受盗版困扰，好不容易出版了一本畅销书，市场上很快就会出现盗版翻印。宋人因此有了版权意识，刊印图书时会在书中加一页"牌记"，即版权声明。比如《东都事略》的牌记就写着"眉山程舍人宅刊行，已申上司不许覆板"。这与现在图书版权页上写着的"版权所有，翻印必究"是一个意思。

△ 古代的书坊（出自仇英《清明上河图》）

△ 古代的书坊（出自徐扬《姑苏繁华图》）

古人为了赚钱，也会出版一些“跟风书”。福建建阳是这种图书的集散地，占据了明清低端图书市场的顶部，时称“闽刻”。万历年间，小说《西游记》横空出书，一时间洛阳纸贵。建阳有个书坊主叫余象斗，敏锐地嗅到了神魔题材小说的市场需求，立即跟风创作了小说《北游记》和《南游记》，又从别处买来了一本《东游记》的版权，加上盗版的《西游记》，拼凑出一套《四游记》。由于《西游记》良好的市场反响，《四游记》也跟风大卖，余象斗赚得盆满钵满。

古代图书的价格怎么样呢？唐朝之前，都是抄本书，价格比较昂贵。《山堂肆考》记载，唐朝宰相元载买一卷（本）书花了一千文，相当于当时平民一周的收入。换算到今天，相当于买一本书花了一千元！刻版印刷普及后，图书的价格大幅降低。《书林清话》记载，北宋苏州刻印《社工部集》一部十册，售价一贯，每册图书大约一百文。可以看出，宋朝图书的价格仅为唐朝抄本的十分之一，大约折合今天一百元，普通人也能承受得起。到了明朝，书坊已经完全采用市场化运营，市场竞争激烈，图书价格只会更便宜。别忘了，当时还有便宜的建阳“闽刻”图书呢！

39 古代女子能上学吗？

我国古代有许多文化水平超群的才女，例如“古代四大才女”——卓文君、蔡文姬、上官婉儿、李清照。古代没有男女平权的概念，女子的教育权不受重视，才女是如何学到这么多知识的呢？古代女子的受教育情况是怎样的呢？这一篇咱们就来探讨一下这个话题。

我国古代是典型的男权社会，女子的社会活动一直受到限制。在这一社会背景下，女子教育与男子教育是分开的，形成了我国古代独特的“女教”模式。《礼记·内则》对男女教育分别做了详细明确的规定：男子可以“出就外傅，居宿于外”，也就是能外出求学，以便学到更多的知识；女子则要“姆教婉娩听从，执麻枲，治丝茧，织纴组紃，学女事以共衣服”。可以看出，女子是没机会到外面读书的，只能在家跟女教师学习，内容多是针线、纺织、刺绣等手工劳动课。尽管古代的“女教课程标准”是这样要求，但在现实教育中，女子教育的内容还是颇为丰富的。

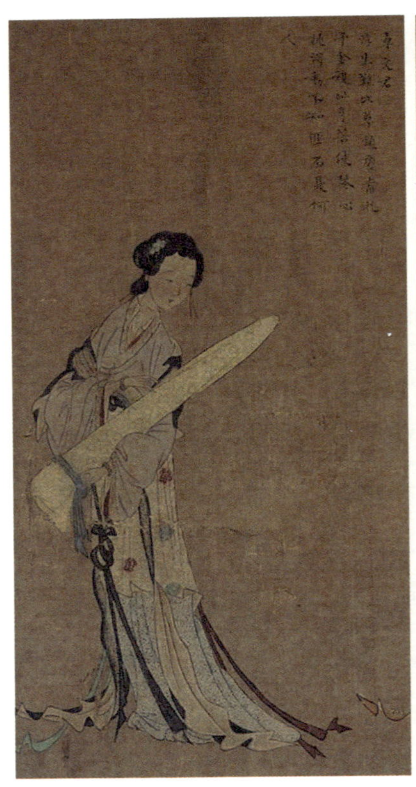

△ 卓文君（出自沈焕《百美图》）

△ 班昭（出自沈焕《百美图》）

△ 蔡文姬（出自沈焕《百美图》） △ 李清照（出自沈焕《百美图》）

家庭教育是女教的起步。对古代女子来说，母亲是自己的第一任老师。唐朝的女子教育书籍《女论语》中就写道：“训诲之权，实专于母。”很多古代的文献也记载了母亲教授女儿知识的情形，如明朝女诗人桑贞白在其诗集《香奁诗草》的自跋中就写道：“幼荷严母庭诲，日究女训列传经史，以明古今。”古代男子择偶往往倾向于德才兼备的，特别是大户人家的女儿。李清照的母亲就出身于书香门第，其祖父是宋仁宗天圣八年的状元。

除了父母教育，有钱人家还会为女儿聘请家庭教师。古代流行“姆教”，这里的“姆”不是保姆，而是指家庭女教师。《说文解字》解释：“娒（同‘姆’），女师也。”姆的选择也是有标准的，要选“年五十无子，出而不复嫁，能以妇道教人者”。家庭女教师不光要有较高的道德水准，年龄上还要在五十岁以上，不能有改嫁经历。古代女子也有家庭男教师，多会选择年龄偏大一些的中年老大叔，一是大叔成熟稳重知识多，二是避免发生师生恋。《牡丹亭》中，杜丽娘的家庭男教师就是一个死板的老学究。《红楼梦》里的贾雨村，也是因给林黛玉做家庭教师而攀附上了贾家。

古代的女子教育都教些啥呢?

首先是道德教育，给女子讲三从四德，配合使用《女论语》《女孝经》《女诫》《列女传》等女教教材。所谓三从，“未嫁从父，既嫁从夫，夫死从子”，就是要让女子听话顺从。所谓四德，是指妇德、妇言、妇容、妇功四项标准：妇德的核心是“贞顺”，即贞洁和顺从；妇言，就是要说话得体；妇容，就是要干净端庄，不能妖艳；妇功，就是要学会一些劳动技能。

其次是文化教育，学习文史知识。士大夫家庭的女儿要读大量的文史著作，还要学会写文章。唐朝的墓志铭中就有很多相关记载，如一位崔氏女子就被称赞“善笔札，读书通古今”，而另一位周氏女子则“独喜图史，好为文章，日夜不倦，如学士大夫”，等等。另外，大户人家的女儿还要学作诗填词，唐宋时期众多的女诗人就是这样培养出来的。《红楼梦》里也有此类教育的体现，如林黛玉和薛宝钗的文学创作能力就丝毫不逊色于男子，“海棠诗社”的咏诗也极为热闹。

△ 古代女子读书（出自《仕女读书图》）

最后，古代的女子教育还会传授一些“女子职业技能”。例如胎教方法，教女子如何在未来做一个合格的母亲。诸如《双节堂庸训》等女教书籍则教育女子要树立正确的婚恋观，要选择才德兼备的男子，不可以只看钱财，要选厚德之家。还会进行婚姻普法教育，告诉你休妻的“七出”和“三不出”，帮你今后规避此类风险。另外，母亲还会传授一种独家秘笈，比如教你做女性用品“月事带”。总体来说，古代的女子教育内容广泛，但以德育为主。首要目的是把女子培养成乖宝宝和贤内助。文化教育和技能教育，则被看作是应付日常家务和女德教育的辅助手段。

那古代的女子到底能不能上学？答案是能。古代女子不仅有家庭教育，还有社会教育。大户人家的私塾，可以让女童入学，男女同塾的模式在明清并不少见。在明朝嘉靖年间，有官员还提出开办女塾的设想，但最终未能实现。清朝建立后，女塾出现并在全国推广。

古代还有一种特殊的女子艺术学校，这就是唐宋时期的教坊。教坊专门教授女子学习音乐、舞蹈、杂技等技能，学员今后从事官方的演艺事业。宋朝的教坊还培训出了“女团”，被称为“女弟子队”。著名的有菩萨蛮队、感化乐队、抛球乐队、佳人剪牡丹队、采莲队等。以今人的审美看，这些女团的名字似乎有点土。然而在一千年前，这可是最时尚的娱乐团体，是那个时代的“BLACKPINK”。

40 古代学生都学些什么？

中国人自古就重视读书和教育，“书中自有颜如玉，书中自有黄金屋”。古代学生的教科书都有哪些呢？他们的读书顺序又是怎样的呢？这一篇咱们就来捋一捋。

古人读书和上学也讲究循序渐进，也分学制阶段。根据《汉书食货志》记载，汉朝的学制分为“小学”和“大学”两个阶段。与今天不同，当时读小学的年龄是八至十五岁，相当于今天的义务教育阶段，学习基础文化知识和基本礼仪规范。读大学的年龄则是十五岁以上，相当于今天的高等教育阶段，“学先圣礼乐，而知朝廷君臣之礼”。

古代的小学又称蒙学，入学称为“开蒙”，学生称为“蒙童”。蒙童刚入学时，要先学识字和写字。今人教儿童识字时会用到“识字卡片”，这种教具在古代也有。古代老师会裁剪出一些四五厘米见方的纸片，纸片的正面写上一个字，背面再写上另一个与之同音的字，比如“文”和“闻”、“张”和“章”，以此让学生辨认与识记。教识字的时候，老师会根据学生的认知能力安排教学进度，不会一味地求快、求多。一般情况下，一天所学在十字之内，三五字也可。识字的同时，也要试着学写字。在宋代有“蒙学教育大纲”之称的《训蒙法》记录了古代蒙童学写字的情况：

> “写字，不得惜纸，须令大写，长后写得大字；若写小字，则拘定手腕，长后稍大字，则写不得。予亲有此病也。写字时，先写‘上大’，二三日，不得过两字，两字端正，方可换字。”

可以看出，古代蒙童在识字阶段，写的字都比较大，这样便于孩子掌握字的间架结构。每天最多学写两个字，直到写好了再换两个字。那么，最先学写哪些字呢？唐朝开始，写字都是从“上大人”篇开始的，即上段材料中提及的“上大”。这是由一些笔画简单的文字组成的短篇小文，内容为“上大人，丘（孔）乙已，化三千，七十士，尔小生，八九子，佳作仁，可知礼”。古代读书人的教育都是从“上大人”开始的，就像今人读书先学拼音韵母一样，因此形成了上千年的文化记忆。鲁迅小说中的“孔乙己”，其名字就来源于此。直到今天，湘鄂渝地区还有叫“上大人”的纸牌游戏。

学完了识字、写字后，就要开始读书了。最先读的启蒙教材是“三百千”，即《三字经》《百家姓》《千字文》。“三百千”的内容十分丰富，包含常识、历史、文学、地理、音韵、道德伦理等诸多方面，既可以提高蒙童识字的效率，也可以积累一些文化常识，为今后的学习打下基础。除了“三百千”以外，古代的启蒙教材还有百科类的《小学绀珠》、常识类的《名物蒙求》、成语和典故类的《幼学琼林》和《龙文鞭影》等。清朝还出现了朗朗上口的歌谣类教材《幼学歌》，里面还有我们现在也颇为常见的“历史朝代歌”：夏商周秦西东汉，三国两晋南北朝；隋唐五代又十国，辽宋夏金元明清。

读完启蒙教材后，就要读儒家经典的“四书五经”和其他诸子百家了。在科举盛行的年代，这些教材才是读书人的“主菜”。古代读书人从小学的后半段一直到大学，甚至终其一生，都要学习这些教材。

第一轮先读“四书”，相当于今天的主科“语数外”，是必修课。按照朱熹由浅入深的要求，四书的学习顺序为《大学》《论语》《孟子》《中庸》。《大学》的内容相对简单，讲为人、为学的基本道理；《论语》可以给学习生涯立根本，儒家的主旨要义都在其中；《孟子》则能激发读书人的昂扬斗志，养浩然之气，属于价值观教育；《中庸》讲精微奥义，需要深入思考，是最难学的教材，所以放到最后。

第二轮是读“五经”，学《诗经》《尚书》《礼记》《周易》

《春秋》五部教材，建设更高阶的世界观。五经要比四书复杂得多，一个人很难精通五经的全部，所以古代读书人往往专治一经至二经，即选择一到两门作为自己的主业，能精通一经就已经是大师了，比如秦汉的伏生专治《尚书》，东汉郑玄专注《诗经》。汉朝的最高学府太学，设有五经博士，每一位博士只专研一经，相当于今天的大学教授。但古代也有牛人，比如东汉的许慎，据说能治五经，相当于今人拿了五个博士学位，属于“学神”级别。

第三轮读史书和诸子百家。史书以官修史书为主，最经典的前四史即《史记》《汉书》《后汉书》《三国志》是必读书。司马光编写的《资治通鉴》也是必读书。诸子百家的书籍更像今天的选修科目，凭学生的个人喜好选择。但像《老子》《庄子》《韩非子》等经典著作，一般也在必读之列里。

古人读书时有专门的教辅书籍吗？当然有。比如读四书不能只读原文，还要连带着历代儒学大师的注解一起读，如朱熹所撰《四书章句集注》就是读书人案头必备教辅，相当于古代的“科举教材全解”。古代还有讲科举应试技巧的教辅书，称为“房选”书籍。明人艾南英，专攻八股文的写作技巧，选定高分范文并附上点评和技巧总结，出版成书，大受考生欢迎。

捋完了古代的学生教材，大家是否有种活在当下的庆幸？不过，可能也有人会喜欢古代的教材。尽管数量多了些，但至少没有数学和英语！

41
古代有普通话吗？

现代汉语的方言差异性很大，全国有七大方言区，每区之下又有若干方言小片区。汉语方言的差异，源于古人的分片聚居和跨区域移民。经过千百年的传承与演变，形成了今天的方言格局。尽管方言差异大，好在今天有普通话，否则方言区之间的交流还真得用翻译。那古代也有通行全国的“普通话”吗？

还真有！古代的汉语标准音也称“官话”，相当于当时的普通话。但在不同的时期，官话的发音也在发生着变化。

官话至少在周朝时候就出现了。分封制下，各个诸侯国相对独立。割据状态下，各个诸侯国语言交流相对封闭，发音差距越来越大，长此以往就形成了地域性的方言。《左传》记载：“卫侯归，效夷言。”卫侯曾被吴国扣留，回国后口音就变了，居然说起了吴国的“夷言”。这说明春秋时期卫国和吴国的方言发音差距很大，一听就不一样。

诸侯国方言各异，但彼此的交流又很密切，特别是在政治上都尊奉周王室为正宗，要定期朝贡，所以大家需要一种各国都能听得懂的方言用作交际，“标准音”应运而生。到底用哪种方言作为标准音呢？这就是一个政治问题了，必须给“大哥”周王室留点面子，所以标准音只能用周王室的方言。周王室使用河南地区的“洛阳音”，洛阳话就成为了最早的普通话。

先秦时期的洛阳音，在当时被称为“雅言”，因为它的发音被认为很优雅。汉朝时，洛阳依旧是文化中心，在东汉时期还成了首都，所以洛阳音作为标准音的地位在汉代得以延续。然而，洛阳音也分很多种，就像今天的北京话，既有京片子里的“您猜怎么着”之类的市井俗音，也有《新闻联播》里“观众朋友们晚上好”的官方标准音。当时最正宗的洛阳音是洛阳太学里学生们读书的声音，被认为最文雅、最好听、最标准，得名“洛阳读书音”。

东晋十六国及南北朝时期，中国陷入数百年的大分裂状态，汉语标准音也发生了分化，形成了北方的“洛阳音”和南方的“金陵音”。受到游牧民族进入中原的影响，北方的洛阳音发生了一些变化。另外，大量中原汉人南迁，在金陵（今天的南京）建立了政权，把洛阳音也带到了南方。根据史料记载，南方的原住民听到这种北方语音后，瞬间陶醉，盛赞洛阳音“真香”，并掀起了学习热潮。南迁贵族谢安，能用标准的洛阳音读书，被称为“洛下书生咏”，当地人争相模仿。甚至连谢安因鼻炎而特有的鼻音，也都一起学了。但是，语音的影响是双向的，北来的洛阳音也受到了金陵本地吴语的影响，从而形成了一种全新的“金陵音”。今天，南京方言和江苏其他地方明显不同，更接近于普通话，这就是历史上金陵音的影响。

隋唐时期，中国再次实现统一。尽管首都在长安，但文化中心和经济中心则在洛阳，洛阳音依旧是汉语标准音，成为官话。如今去西安旅游，经常会有导游自豪地说“唐朝皇帝都讲陕西话”，一张嘴就是“额们大唐”。其实这是一个误解，唐朝的皇帝、大臣讲的其实是洛阳音，并非长安音，更不可能是今天的陕西话。唐朝的长安音又称“秦音”，当时上层社会认为其发音“很土”。武则天当政时期，有个大臣叫侯思止，他读书少且不擅长讲洛阳音。一次在朝堂之上，当他说到“猪”这个字的时候，没有按照洛阳音读“dyo”（音似“雕”），而是发出了秦音“jyu”（音似“诛”），引得满堂大臣一片哄笑。此事说明，说好普通话在当时很重要。

因此，一直到宋朝，汉语的标准音都是洛阳音，延续了两千多年。宋朝之后，北方少数民族频繁入主中原，并出现了元朝和清朝这样的全国性政权。游牧民族本不讲汉语，但成为中原大地的统治者后，他们不得不学习如何讲汉语。其发音到底“味道”如何，可以脑补今天外国人讲汉语的样子。但由于拥有政治优势，统治者所讲的“有味道的汉语”不可避免地影响着汉语的发音。此外，元明清三朝的首都都在今天的北京，洛阳在中原的“大哥地位”一落千丈，远离政治中心的洛阳音逐渐在历史中谢幕。

元明清三朝的官话是哪一种方言呢？元朝时北京称大都，当时讲幽燕地区（今天的京津冀加辽宁和内蒙古）的方言。这种方言再加上点蒙古语的味道，就形成了元朝的官话——大都音。明朝建立后，朱元璋又将官话改回金陵音。可没多久，发生了靖难之役，朱棣上台后迁都北平（后改称北京），金陵音同大都音融合，形成了明朝的北京官话。清朝建立后，满洲人入主北京，又在明朝北京官话中融入了满语和东北话的味道，融合形成了清朝的北京官话。到清朝中期，北京官话已通行全国。我们今天讲的普通话，就源于清朝的北京官话。

那么，今天的河南洛阳人讲的方言是古代的洛阳音吗？也不是，今天洛阳人所讲的北方官话，和古代的洛阳音已大不相同。有的学者认为，今天的闽语和客家话保留了许多古汉语发音特点，因为他们是当年南迁的中原人。日语很多词汇的发音和闽语很像，比如“未来”“世界”等词与闽语发音几乎一样。这可能是因为唐朝时日本学去了一些汉语词汇发音并沿用至今，而闽语中又保留了许多唐朝汉语发音的成分，所以二者相似度极高。

42 古人如何学普通话？

王老师当年就读于师范大学，毕业就有教师资格证，但拿证前须通过普通话等级测试。这可苦了那些南方同学，为了说好普通话，他们每天对着录音机练习发音，还拽着我们这些普通话好的东北同学陪他们说话，纠正他们的方言发音。古人，特别是读书人和官员也要学习普通话，即当时的官话。古代的技术条件不如今天，古人是如何学习普通话的呢？

首先，官方会编订和发行汉语标准音的书籍，这种书籍在古代被称为韵书，是常用的工具书，相当于那个时代的《新华字典》或《汉语词典》。历史上影响最大的韵书是隋朝陆法言主持编纂的《切韵》，但现已亡佚。宋人在其基础上编撰的《广韵》，是现存最重要的一部韵书。韵书用反切法为汉字注音，类似今天的汉语拼音。具体方法就是用两个简单的汉字相拼，取第一个字的声母，取第二个字的韵母和声调，拼出来的读音就是该生字的读音。比如“贡，古送切”，取“古”的声母“g”，取“送”的韵母“ong”，拼出来就是“gòng”。韵书编订后，其规定的读音就成为了当朝汉语语音的国家标准，官方会以各种方式予以推广普及。

其次，古代的学校教育都会尽量使用官话教学，对读书人推广普通话。唐宋以来的科举考试，文章押韵皆以韵书为准，强化标准音的权威性。比如清朝康熙年间编纂的《佩文诗韵》，是清朝科举考试的官方指定韵书，押韵和用典都要从这本书里找依据。会讲官话是古代读书人的必备技能，也是识别知识分子的重要标志。所以，古代的文盲一般没法和读书人争论，因为一开口就暴露了文盲的知识水平，读书人是懒得和他抬杠的。

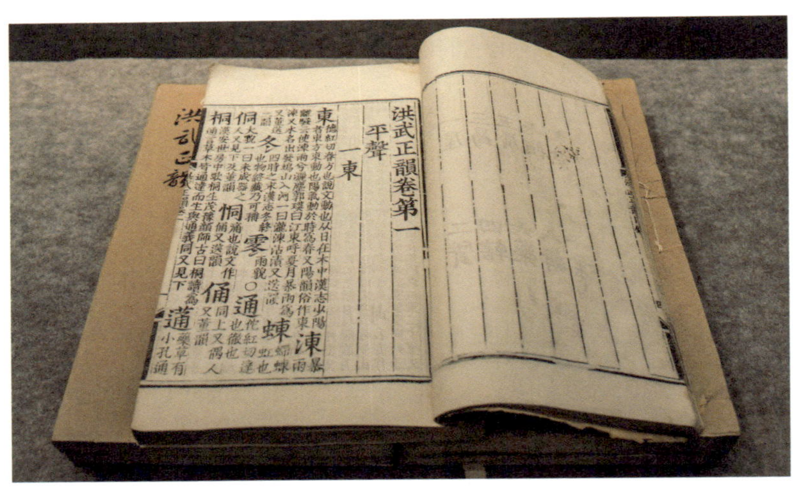

△ 明代官方韵书《洪武正韵》（藏于南京博物院）

最后，统治者会要求官员阶层熟练掌握官话，以此作为官员是否胜任的标准。清朝时，官员必须会说北京官话，特别是那些想当大官的。因为你将来可能会面见皇上汇报工作，如果你操着一口方言，皇上听不懂啊！虽说清朝皇帝文化水平较高，能说满、汉、蒙古等多种语言，但面对中国庞杂的方言体系，他们实在招架不住。

尽管古代读书人自幼学习官话，但有些地区的方言和官话差距太大，即便学了官话，讲出来也不是那个味。就像今天的粤普、湘普、闽普，听起来还是怪怪的。清朝时，皇上对于广东人和福建人的讲话最吃不消，完全听不懂。雍正皇帝特意为此下发过谕旨，大意是说："每次引见臣子，只有福建、广东两省的人仍然操着乡音，说的话让人听不明白。这些人已经通过了科举考试和吏部培训，但是在大殿之上说话依旧说不清楚，这要是去别的省赴任怎么能做好父母官呢？这可不仅仅是我听不懂的问题，而是百姓听不懂的重要问题！"

雍正皇帝对官员学习官话高度重视，将其重要性上升到治国安民的政治高度，地方政府自然不敢怠慢。广东、福建两地各级官府迅速落实整改工作，掀起了一场大清朝的"学习官话运动"。为了加快读书人和官员群体学习官话，各地政府纷纷办起了"官话培训班"，名为"正音书院"。福建开办了一百一十二所，广东估计高达上千所。书院多用当地驻防旗人任教，招收当地举人和秀才学习。清廷甚至还规定了学成年限，以八年为限，如果学不好，学员将会被暂停科举考试资格。

除了学校和培训班教授官话外，古人还可以请家教学习，这种方式学习的速度较快。清朝有很多专门以教授官话为职业的老师，被称为“官话师”，类似今天的“普通话培训师”。广东地区的官话师多来自广西桂林。这是因为桂林人多是明朝时从外地移民过来的，而移民大多擅长讲官话。桂林人讲的是西南官话，虽然跟北京官话比还是有一点差距，但比起广东人讲的官话还是好太多。

通过上述方式，古代的读书人和官员群体都能一定程度地使用普通话。但是，对于人数众多的普通百姓，讲普通话还是太难了。由于清朝有官员任职的回避制度——官员不能在本乡任职，所以地方官一般不会懂本地方言，这就极易造成官民间的沟通障碍。这时候就只能用翻译了。是的，你没听错！同是汉语，不同的方言之间需要用翻译来沟通。《六字课斋卑议》就记载过清朝政府的规定：“所有土话与官话歧异县份，知县到任，着延方言师一人。”这里的方言师就是翻译，是地方官到任时的标配。然而，用翻译只能是权宜之计，为了更好地深入群众，清朝政府还规定地方官要“每日从学土话二点钟，成而止”。地方官必须学会本地的方言，对于那些在广东和福建任职的父母官，真心有点吃不消啊！

43
古人如何学外语?

全球化的今天,说外语在中国已经司空见惯。在国际化大都市上海,甚至还有专门面向中国人的英语脱口秀表演,场面很是热闹。古代中国对外交往频繁,民族关系密切,使用外语和少数民族语言的情况肯定也不少。那么,古代有翻译吗?古人又是如何学外语的呢?

古代并没有清晰的“外国”概念,普天之下,除了天朝,皆是番邦蛮夷。因此,古代的“外语”,既包括我们今天理解的外国语言,也指少数民族语言。《礼记·王制》中,称翻译北方少数民族语言为“译”,这是翻译一词最初的概念。先秦的翻译人才被称为“舌人”,以舌头谋生,这个名字倒是形象。

在外交事务和民族交往中,官方翻译必不可少。否则,朝堂之上一个比画一个猜,这也太有失天朝风度了。唐朝的官方翻译被称为“译官”或“译语人”。在中央，中书省和鸿胪寺负责外交事务，设有二三十名译语。地方上，边疆的官府也设有翻译。唐朝社会比较开放且自信，政府多直接使用胡人做翻译。胡人一般能掌握多种语言，天生就是当翻译的料。比如安禄山，《旧唐书》说他“解六蕃语，为互市牙郎”，是干外贸翻译兼中介起家的。现存文献可考的唐朝“中书译语”共有三人，全都是胡人。

受到安史之乱的影响，中原王朝对胡人的信任度降低。后世政府不再直接用胡人当翻译，而是自己专门培养翻译人才。宋朝时，朝廷启用辽、金境内的归顺者进行外语教学。北宋有“国信所”，负责与辽国的外交事务，也负责培养翻译人才，总共有三十二名翻译。明朝设立“四夷馆”，负责四夷往来文书的翻译，并在此教习外语。内分八馆，相当于八个外语专业。清朝沿袭了这一制度，只是将“四夷馆”改称“四译馆”，更加体现出外语教学与翻译的职能。

古代还有很多僧人兼职做翻译，因为他们要翻译佛经。唐朝是佛经翻译的鼎盛时期，代表人物是僧人玄奘。他从天竺取回梵文佛经后，“专务翻译，无弃寸阴”，甚至拒绝了唐太宗请他入朝为官的要求。他用十九年时间，翻译出了一千三百万字的佛经。这么大的工程量，一个人是不可能完成的，玄奘依托的是翻译机构“译场”，相当于当时的“外国语学院”。这里不仅翻译佛经，还教授外语。贞观年间，译场的人员编制达到了六百人。宋朝时，译场改称译经院，设立在都城汴京。当时还出现了“外教”，印度僧人专门主持梵文教学。宋朝的外语教育也注意从娃娃抓起，宋太宗曾特意选拔五十名机灵的幼童送入译经院学习。

从东汉到唐宋时期的佛经翻译，是中国翻译史上的第一次翻译高潮。第二次翻译高潮出现在明末清初，翻译西方自然科学著作，如徐光启与传教士利玛窦合译《几何原本》。第三次则是晚清民国时期，这时人们不仅翻译自然科学文献，还翻译社会科学文献，如启蒙思想著作。第四次翻译高潮在改革开放之后，各种国外学术著作和小说被翻译成中文。这几次翻译高潮，开阔了国人的眼界，为中华文明注入了新的活力，极大地推动了社会进步。

△ 向乾隆皇帝朝贡的外国使团〔出自《万国来朝图》（局部）〕

除了官方翻译外，古代也有大量的民间翻译。他们多是边境地区的边民，或者是从事外贸生意的商人。边民与胡人杂居，从小在双语环境中长大，自小就会说外语。外贸商人经常与外族打交道，外语也是必备的职业技能。南宋商人陈惟安，常年在占城（今越南）做贸易，精通占城语。当占城使团出使南宋时，还聘请他做使团的翻译。当然，这得到了南宋朝廷的批准。

明朝中后期开始，中国走向闭关自守，学习外语的风潮也沉寂下来。这一时期，很多西方传教士来华，士大夫阶层和他们多有接触，倒是偶尔能学到一些外语。清朝时，出于国家安全的考虑，严禁中国人教授外国人汉语。如有发现，中国老师将会受到严惩。当时的外语学习，跟搞特务工作似的，甚至有生命危险！这绝非危言耸听。嘉庆年间，英国人马礼逊在广州学习汉语，他前两个汉语老师是中国人，二人教学时都随身带着毒药，一旦被官府抓捕就准备自杀。

鸦片战争后，中国被迫打开了国门，开始融入世界。那时，外国人云集的通商口岸出现了中国最早的英语学习热，上海的“洋泾浜英语”在这一背景下产生。洋泾浜本是上海英法租界内的一条界河，后来代指租界。洋泾浜英语的发音都带有汉语口音，语法也不太标准，听起来怪怪的。

古代没有音标，如何识读外语单词的发音呢？小伙伴们一定用过这样一个土办法：用汉字音译为外语单词注音。其实，这种土办法古人也用，而且用了上千年。比如“南无阿弥陀佛”一句，本是梵语“Namas Amitābhā”的汉字音译，原意为“皈命无量觉”。明朝的《华夷译语》，就是一部用汉字为蒙古语单词注音的词典。清末的《洋泾浜英语手册》中，还用汉语顺口溜来教授英语句子发音，内容十分诙谐。比如清晨见面“谷猫迎”（good morning）、“好度由途”（how do you do）叙别情、一元洋钿“温得拉”（one dollar），自家兄弟“勃拉茶”（brother）。古人学英语的招儿还真不少！不要小看这些土味英语，这可是当时最时髦的“Chinglish”。

44
古代的护照长什么样?

随着全球化的发展，越来越多国人走出国门，护照成为大家常用的一种证件。古代中国对外交往密切，也有类似护照的证件。比如《西游记》里，唐僧每到一国都要使用通关文牒，便是古代的护照。那么古代的护照长什么样呢?

先秦时期，国人眼中的世界还没有今日中国的范围大，那时候的“出国”，顶多是诸侯国之间的“跨省往来”，或者是出关到遥远的西域地区。那时的人们并没有护照，只有一些特殊的出行凭证。最早的出行凭证是“节”，其形制是一根长棍子。汉朝的节由八尺长的竹子制成，长合约1.8米。节的上半部分系有节毛，汉节有三重毛，秦节是两重毛。节毛一般要用蜀郡的牦牛尾制成，就是今天藏区的牦牛。节毛长而松软，看起来非常漂亮。秦朝崇尚黑色，节毛便是黑色。汉朝崇尚红色，节毛也就用红色。

战国以前，任何人都可以使用节。除了官吏外，更多是走南闯北的商人出行时使用。到了秦汉时期，节成了皇家专用，只有奉皇帝命令出使的人才能用节。因此，奉命出使的人被称为“使节”。张骞出使西域时持节，苏武出使匈奴时也持节。《汉书》中记载，苏武被扣押在匈奴王庭后，时刻手持着汉节牧羊。日久时长，节毛都脱落了，就剩下光秃秃的木棍了。使者在危难之中仍保留汉节，是忠于汉王朝的表现，这便是“气节”“节操”等词语的出处。

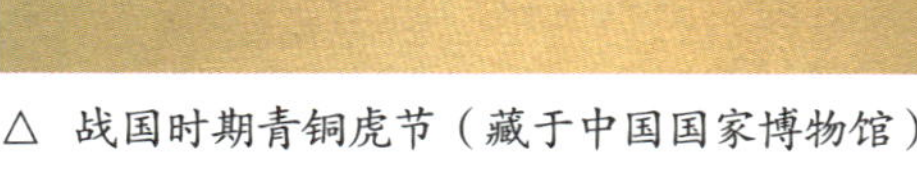

△ 战国时期青铜虎节（藏于中国国家博物馆）

△ 战国时期青铜龙节（藏于中国国家博物馆）

最初，人们用节时还要配有辅助的文书，常见的有“符”和“传”。符的形制可一分为二，一半为使用者持有，一半为管家保存。两半相合可验证真假，汉语“符合”一词便来源于此。大家熟悉的虎符也是符的一种，主要用于调兵凭证。“传”的形制更像证件，上面有字，写有持节者的姓名、目的地、所带物品等信息。只有持节人的情况和传上记载信息相一致时，关隘守卫才会放行。秦汉时期，节成为了皇家专用信物，“传”便脱离了“节”，成为了单独使用的一般出行凭证。

古人用传，分为公事和私事两类，类似今天的因公护照和因私护照。公事用传，沿途驿站要提供车马和饮食保障。私事用传，没有沿途服务，而且审核程序特别严格。申请人要先向乡级官员提出申请，乡级官员需要确认此人没有涉及司法案件，没有拖欠赋税、躲避徭役等情况，然后再报送到县级相关的主管官员那里，县级最后审核签发。这就像今天办理因私护照也需要无犯罪记录一样。《睡虎地秦墓竹简》记载了传的使用规则：持传人在出行途中，每经过一个县，该县都要查看传上的封印，然后加盖本县的封印。今天过海关也要在护照上盖章，可见传在秦汉时期已经具备了护照的特征。

在传的基础之上，汉末又出现了出行凭证“过所”。过所的本意为“所过之处”，古人出行每过一地都要经过核验并封印，因此而得名。过所一直沿用到唐宋时期，《西游记》里唐僧所用的通关文牒，指的便是过所。然而，历史上真实的玄奘法师并没有获得过所，因为当时唐朝正在准备与突厥开战，实行了严格的封边政策。玄奘屡次申请过所都未获批准，他最后是偷渡去的天竺。

明朝实行海禁政策，限制对外贸易，只有同藩属国的朝贡贸易还在维持。朝贡贸易有时间和地点的限制，来华人员还要持有明朝政府颁发的勘合文书，故又称勘合贸易。藩属国中有两个国家较为特殊：一是朝鲜，二是琉球。明朝政府对这两个国家给予了足够的信任和优惠，不需要明朝政府颁发的勘合文书即可来华。但使者需要证明自己的身份，所以琉球政府就自行颁发勘合文书。勘合文书相当于当时的护照，上面信息丰富，有使团负责人的姓名及随行人数，有所带货物种类、数量和所乘船只信息，还有目的地和签发时间。同今天护照上的编号一样，勘合文书上也有编号，如成化年间的一份勘合文书为“地字一百二十五号”。

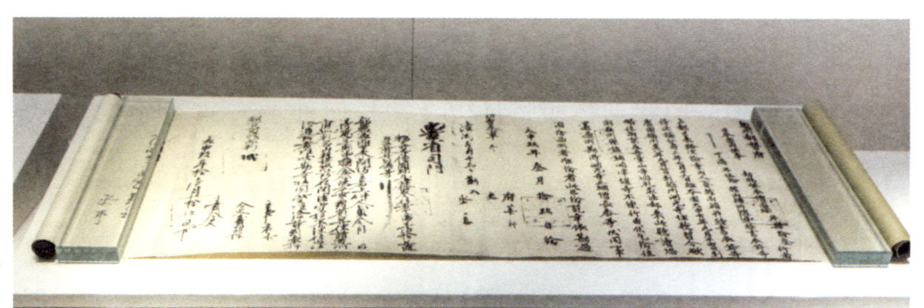

△ 唐朝时期的过所（藏于中国国家博物馆）

值得注意的是，琉球国颁发的勘合文书上还有一段请求保护的声明文字，如“经过关津把隘去处及沿海巡御官等，验实即便放行，毋得留难”“承自谕遣在途，毋得迟滞不便”等。当今很多国家的护照上也有类似的请求保护声明，中国护照上写的是“中华人民共和国外交部请各国军政机关对持照人予以通行的便利和必要的协助”。可见，勘合文书和今天护照很相似了。

清朝前期继续实行闭关锁国政策，民众鲜有机会从海上出国。只有北方陆地和沙俄接壤，民众才偶有到俄国经商的机会。中俄《尼布楚条约》为此规定：两国人民如持有“路票”，准其在两国境内往来贸易。这种“路票”便是当时的护照，在条约的拉丁文本和俄文本中，“路票”的外文用词就是护照。

中国现代意义上的第一张护照，诞生于1877年。当时，清政府为解决华工被诱骗出国问题，与西班牙签订了《会订古巴华工条款》。条约中规定，出国者须先向口岸的海关申请执照，送交西班牙领事馆签字，再发给申领者。此种执照的正面用中文写明持照者的姓名、年龄、原籍、体貌特征以及擅长何种手艺、系何人之子等有关内容，并载有执照的号码。从此，中国人有了真正的护照。

45 古人是如何旅游的?

旅游是今人热衷的一项活动，不仅能放松心情、开阔眼界，运气好的话，途中还能结交到朋友，甚至邂逅生命中的另一半。其实，古人也很热衷于旅游，这一篇我们就来聊聊古人是如何旅游的。

古代的交通条件远不如今天，旅游难度较大，并不是每个人都能有一场说走就走的旅行。古代的旅游人群主要有三类：第一类是文人士大夫，他们有钱有时间，且兴趣雅致，喜好寄情于山水与名胜；第二类是商人群体，他们走南闯北，行商途中可欣赏沿路的秀丽风光，在某些著名景点也会流连逗留；第三类群体是城镇居民，随着唐宋之际市民阶层的崛起，老百姓旅游也逐渐多了起来。

古人旅行用什么交通工具呢？首选是船，不仅安稳舒适，还方便装载行李。另外，船舱里还可以睡觉，相当于开了一辆房车，省去了大笔住宿费用。不便行船的地区，人们会选择马车出行。如果喜欢兜风，干脆就骑马走，沿途策马奔腾，非常飒爽。有的小伙伴可能会担心费用，毕竟古代养马费用很高。没关系，古代有出租马匹的服务。《东京梦华录·杂货》记载“假赁鞍马者，不过百钱”，租马跑一程只需要一百元钱。如果就想穷游也可以，那交通工具就靠双腿了，具体能走多远则看你的体力。

有了交通工具，咱们就出发吧。古人最爱去三类旅游目的地，一是旅游城市，二是自然山水，三是古迹古城。古人如何获取这些旅游目的地信息呢？古代有专门的旅游书籍，相当于今天的旅游手册。如南宋王象之编撰的《舆地纪胜》，书中分地区介绍了各地风土人情和名胜景物。明代的旅游图书更加贴心，不仅记录旅游景点，还详细介绍交通路线、客栈住宿情况，甚至连价格参考都写上了。此外，明代还有专门的旅游地图，如《广舆图》《皇舆考》《今古舆地图》等，甚至有专门介绍某一地区景点的旅游图，如《北京八景图》。

除了看旅游手册找景点外，古代也有“网红景点”受到追捧。诗词在古代口耳相传，流传范围很广，那些被诗人热情讴歌过的景点，很快就会成为热门的旅游打卡胜地。其中，黄鹤楼最具代表性。始建于三国时期的黄鹤楼，本是用于瞭望的军事设施。到了唐朝，黄鹤楼名声大噪，成为了旅游胜地，这归功于诗人崔颢流传千古的《登黄鹤楼》一诗：“昔人已乘黄鹤去，此地空余黄鹤楼。黄鹤一去不复返，白云千载空悠悠。”李白也不遗余力地为黄鹤楼宣传，写下了“故人西辞黄鹤楼”“黄鹤楼中吹玉笛”“手持绿玉杖，朝别黄鹤楼”等诗句，真的怀疑李白是不是收了当地官府的“代言费”。唐朝以后，黄鹤楼已然成为诗人的圣地，民间百姓也纷至沓来，想要一睹诗中风采。

到了旅游景点，住宿和吃饭方便吗？非常方便，古代就有景区服务了。泰山脚下的景区服务被明末清初的张岱详细记载进了《琅嬛文集》。一到景区，客栈的迎宾人员会在数里之外的路口迎接你，帮你牵马到客栈。这场景如同今天的农家乐老板在高速路出口等你。客栈的规模很大，服务设施完备。门口有十多间马厩供游客使用，相当于免费停车场。门口的另一侧，还有“妓馆十数间，优人寓十数间”。美景与美女相伴，旅游和娱乐相生，古人也很会玩。至于住宿和餐饮服务，那更是宾至如归，张岱记载道：“客有上中下三等，出山者送，上山者贺，到山者迎。客单数千，房百十处，荤素酒筵百十席，优傒弹唱百十群。”

想必有人会关心一个问题，那就是古代的旅游景点收门票吗？还真收！那些著名的或是需要人工建设的旅游景点，古人也会收取门票。以明朝时的泰山为例，门票叫作“山税”，每人“一钱二分”。这里说的应该是银子，明朝的一钱二分银子大约是杂役一天的工资，相当于今天的一百多元。这门票价格真心不低啊！泰山在古代也是国家级热门景区，史料记载明代泰山“平均每天游客八九千，春天旅游高峰时每天有两万人”，一年的门票收入至少可达二三十万两！难怪张岱感叹道：“山税之大，总以见吾泰山之大也。呜呼泰山！”

古人旅游也会聘请导游。宋代的大城市里，都有一群称为“闲汉”的人，他们了解本地风土人情，且能说会道、知情逗趣，专门陪富家子弟游玩宴饮，还会陪外地官员到城里办公务。古代文人出行还愿意与僧人或道士结伴，请他们做向导。“士大夫利与僧游，以成其为雅。”怪不得在电视剧《康熙微服私访记》里，康熙出游时都带着法印和尚。另外说一句，宋代官员和富人旅行，还有带着官妓伶人陪游的。

需要注意的是，古人旅游不都是“傻玩”，有的士人还会在途中进行科学考察，这便是古代的“科考游”。特别是在明代，文人士大夫慢慢摒弃宋明理学的空谈，逐渐投身到经世致用的科学考察事业中，在旅游活动中很好地结合科学研究。最为杰出的便是徐霞客，他在旅游中探索大自然的奥秘，在山脉、水道、地质和地貌等方面的研究都取得了非凡的成就，其著作《徐霞客游记》既是旅游名篇，又是地理巨著。

人生在世，身体和灵魂总要有一个在路上。否则，生活就真的跟“臭咸鱼”没有区别了。古人的生活并不迷茫，他们早在千年前就找到了灵魂应该追寻的方向，那便是诗和远方。

46
古代有哪些“网红景点”？

上一篇咱们聊了古人是如何旅游的，那么他们常会去哪里游玩呢？这一篇，咱们就以宋代为例，聊聊古代热门的旅游城市，看看古代的“网红景点”有哪些。

首都自古就是第一旅游城市，宋朝人也热衷于去都城汴京一睹首善之区的繁华。去汴京可以逛上元节灯市，其场面非常热闹，很多文人墨客都流连忘返。诗人沈遘就写道：“车马笙箫千里至，楼台灯火九衢通。香舆轧轧凌风驶，粉袂翩翩照地红。”灯市不仅可以看灯，还可以看人，诗人周邦彦就写道：“衣裳淡雅。看楚女、纤腰一把。箫鼓喧，人影参差，满路飘香麝。”满街都是小姐姐身上香薰的味道，连空气都是甜的！

除了逛灯市，还可以去皇家园林转转。看到这里，肯定有人会质疑：老百姓也能进宫苑禁地吗？当然能，至少赵宋皇帝没有垄断美景，而是将其与民众分享。比如最著名的金明池和琼林苑，都会在每年的三月初一到四月十八期间向民众开放。要知道，这一个多月可是最佳的黄金旅游季。金明池本是训练皇家水军的地方，对外开放后，水军训练不但没有停止，还借机向民众表演。那场面，就像今天去环球影城看水世界表演。

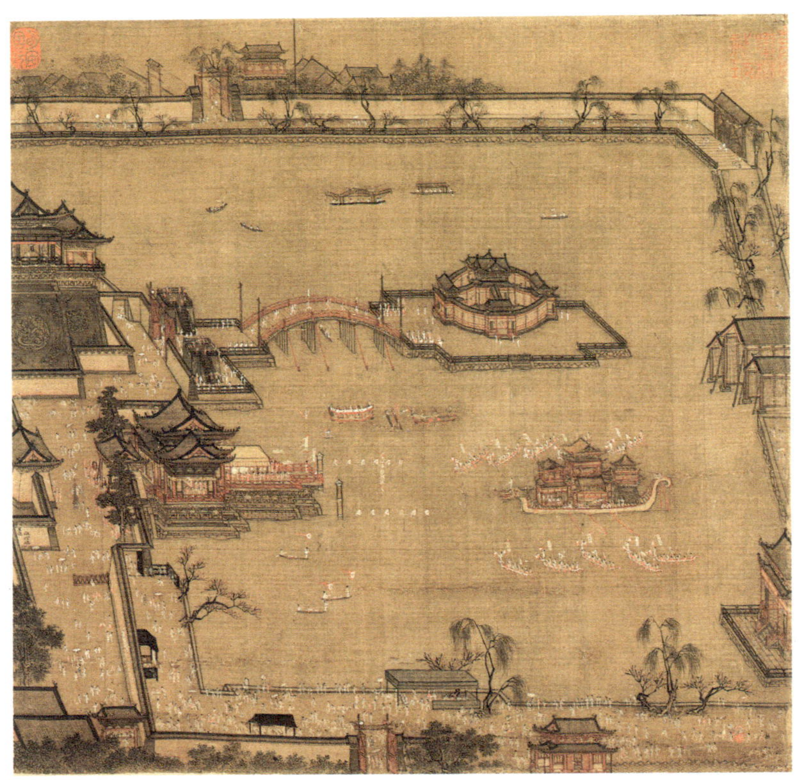

△ 张择端《金明池争标图》

古人旅游也热衷购物，汴京的旅游购物中心在大相国寺，其盛况堪比今天北京的SKP。为什么寺庙成为了购物中心呢？这源于古代的庙会习俗。南北朝以来，佛教盛行，大的寺庙会吸引众多香客前来拜佛上香。人流多的地方就会形成市场，所以寺庙外围商贩云集。久而久之，便形成了庙会这一特殊的商业形式。大相国寺是宋朝第一购物中心，是游客到汴京旅游的必到之处。也就是在这里，十七岁的李清照遇见了二十一岁的赵明诚，二人后来喜结连理。

汴京附近的洛阳，是宋朝的又一热门旅游城市。洛阳最重要的旅游资源是牡丹花，很多游客慕名前来逛牡丹花会。宋代僧人释惠洪在《冷斋夜话》中记载："刘跛子，青州人，拄一拐。每岁必一至洛中看花，馆范家园，春尽即还京师。"即便是拄拐的残障人士，也要来洛阳看牡丹花，足见其吸引力。影视剧《情深深雨蒙蒙》主题曲中，描绘大上海的繁华为"车如流水马如龙"。实际上，这句诗曾被司马光用来形容洛阳花会的热闹场面。

杭州是南宋的都城，北宋时便是旅游胜地。游杭州必游西湖，著名的西湖十景在宋代皆已形成。当时游览西湖的游客众多，甚至出现了组团游。苏辙在《龙川略志》中记载："有秘书丞高者，尤骄纵不法，尝自京师载妓妾数十人游杭州。"游客这么多，杭州商人一定不会放过这难得的旅游商机。为了吸引游客消费，杭州酒商搞起了"诸库迎煮"的营销活动。所谓"迎煮"，就是新酒开卖仪式。各个酒库都会派出盛大的送酒队伍，除带上佳酿外，还会雇用数十名绝色歌伎沿途表演，吸引游客。逐渐地，这一活动演变成一种特色的仪式表演，成为宋朝的“网红”活动，比今天杭州宋城的快闪秀还要有名。

△ 李嵩《西湖图》（局部）

上有天堂，下有苏杭。宋代苏州的旅游热度一点不低于杭州。苏州的旅游项目一年四季不重样，范成大在《吴郡志》中记载：“春时用六柱船，红幕青盖，载箫鼓以游，虎丘、灵岩为最盛处；竞渡亦用清明、寒食；四月八日，浮屠浴佛，遍走闾里；夏至复作角黍以祭；七夕有乞巧会；重九以菊花、茱萸尝新酒；十月朔，再谒墓；俗重冬至，而略岁节。”游苏州还可以去看私家园林，宋人比较大方，很多私家园林是对外开放的。也有园林主人颇具商业头脑，对游客收取费用，相当于卖门票。徐大焯在《烬余录》记载虎丘的一处私家园林“游人给司阍钱二十文，任入游观，妇稚不费分文”。每人大约二十元的门票，小孩和女性免费，这导致“游女独多”。女游客多了，还怕男游客会少吗？

最后再介绍一个宋代热门旅游城市——成都。成都的旅游项目以“游江”为中心，分为“小游江”和“大游江”。小游江在二月二日，游江距离较短，从万里桥到宝历寺，热闹程度略逊一筹。四月十九日在浣花溪上的“大游江”则是盛况空前，庄绰在《鸡肋编》中记述：“浣花自城去僧寺忘其名，凡十八里，太守乘彩舟泛江而下。两岸民家绞络水阁，饰以锦绣。每彩舟到，有歌舞者，则钩帘以观，赏以金帛。以大舰载公库酒，应游人之家，计口给酒，人支一升。至暮遵陆而归。”今天的迪士尼乐园有花车巡游，宋朝成都的大游江相当于“花船巡游”，所到之处还会赠送酒水。

看来，宋人不仅真会玩，而且还真的不差钱！

司法篇

47
古代的监狱长什么样？

在甲骨文中，表示监狱的字有“圜”“圉”“牢”等。“牢”字的字形是宝盖头下加一个“牛”，表示其最初是关牲畜的地方，后来开始关人，便成了监狱。《韩非子》中称监狱为“囹圄”，因此有了“身陷囹圄”的说法。后世又有“狱”和“监”叫法，直到清朝，“监狱”二字开始合用，一直沿用到今天。古代的监狱到底长什么样？在古代蹲监狱又是怎么样的一种体验？这一篇，王老师就给大家详细说说。

民国学者孙雄在《监狱学》中给监狱下的定义为：“监狱为执行自由刑之处所。”所谓自由刑，即剥夺受刑者自由的刑罚。我国古代没有严格意义上的自由刑，多是肉体刑和劳役刑。从这个角度看，古代监狱和现代监狱并不是一回事。事实上，古代监狱并不是用来“蹲”刑期的，而是用来羁押犯罪嫌疑人候审的，其功能更像今天的看守所。

清朝的监狱分为中央监狱和地方监狱两个系统。中央监狱包括京城的刑部监狱和步军统领衙门监狱，都设置在京城。刑部监狱主要关押各地送来复审的死刑犯和其他重刑犯，可关押八百人左右。步军统领衙门监狱主要关押在京犯罪的嫌疑人，一般设立在城门附近。除了皇帝走的正阳门外，其他八座城门皆有监狱。

另外，清朝还有两个特殊的中央直属监狱，即清宫剧里常出现的宗人府监狱和慎刑司监狱。前者关押皇亲国戚。同雍正争过皇位的那几个阿哥，最终都被圈禁在了这里。宗人府监狱内的犯人吃喝无忧，每天有人伺候，只是失去了自由。慎刑司监狱主要关押上三旗内务府包衣和宫廷服务人员，太监和宫女最怕这里。

接下来我们重点说一下清朝的地方监狱。毕竟，相比于中央监狱，地方监狱才更为常见。

清朝地方最大的行政级别是省，省下设府和县，每个级别的行政机构都设有监狱。清朝的地方监狱一般就设置在官府大院内，比如县级监狱就在县衙里。清朝监狱位置非常好找。清朝县衙一般都是坐北朝南，从南门进入县衙，正前方为大堂，右侧是衙役办公区，左侧便是监狱区了，方位上属于西侧。为什么一定放在西侧呢？因为古人比较信风水，建筑的规划要符合天命观。按古代天文学的理论，主管刑狱的是昴星，所谓“昴主狱事，典治囚徒也”，而昴星是主西方的，所以监狱也要设在县衙的西侧。

接下来说一下监狱内部的构造。监狱在县衙里是一个单独的院子，四周围墙高一丈四尺，合四五米。监狱内分为不同的监区，互相独立。最外层是管理相对宽松的外监，关押候审的轻刑犯，比如小偷之类。里面是里监，也称重监，牢门又矮又小，一般会关押候审的重刑犯，如杀人犯。每个监区有数间牢房，牢房里都有一张大炕，可容纳数人。另外，古代的监狱内还会设有一座狱神庙，里面供奉着狱神。犯人入狱时和判决执行前，都要祭拜一下狱神，祈求神灵庇护或宽恕。《红楼梦》中，贾宝玉等人就是被关在了狱神庙里，也算是一种优待。

△ 清代平遥监狱的普通牢房

上古时代，伦理观念淡薄，无论男女老少，所有犯人都关在一间牢房里。民国学者芮成瑞说那时“狱内毫无纪律，男女奸淫，堕胎、婴儿压毙之风，公行无忌”。至少从汉朝开始，我国出现了专门的女监，最早关押的是后宫女子，这种皇家女监称为“永巷”。刘邦的戚夫人就是被吕后关进了永巷，最终在这里被折磨致死。清朝的各级监狱内部，都有专门的女监区，一般是在监狱大院内设立一个独立的小院。女监区要有单独的围墙，不能与男监门对门。清朝还规定，女监区的院内要留一片空地，给女犯人上厕所用。为避免女性犯人受到侵犯，女监的大门一般是锁着的。传送饭食靠墙壁上的转桶，饭食放在转桶里面转进去，而且必须由老狱卒负责，担心年轻人把持不住。

古代监狱起初不管饭，都由家人送饭。《避暑录话》记载，苏轼当年被陷害入狱，嘱咐儿子苏迈送饭不要送鱼，因为送鱼是判处死刑的暗号。一天，苏迈因事无法送饭，委托朋友帮忙。但他忘了告诉朋友别送鱼。恰巧，这位朋友就真的给苏轼送了一条鱼。苏轼看到鱼后万念俱灰，当即写下绝命诗并立遗嘱。一条鱼，吓没了苏轼半条命。到了清朝，犯人的餐食改由国家负责。为防止狱卒克扣犯人的餐食，负责狱政的提牢官还亲自到监区检查。然而，在具体执行过程中，由于各地情况不同，很难全部满足。一般情况下，犯人家里条件好的，由家人送饭。如果家里条件差，监狱发给半粮。对于罪大恶极死有余辜的，可能会不给饭吃。

△ 明代苏三监狱的死囚牢房

尽管清朝监狱的条件有所进步，但犯人的死亡率依旧很高。监狱潮湿阴暗，密不透风，容易滋生病菌造成疫病流行。监狱内的狱卒也会层层盘剥，如果你家没钱，便会遭到虐待。比如把你的发辫系在马桶上，让你成天抱着马桶。最让人恐怖的是刑具，犯人需要戴枷，两块厚木板合在一起锁在脖子上。枷的重量有六七十斤，长期戴枷的犯人甚至会皮破骨露，非常恐怖。面对各种折磨，有的犯人还没等到审判就已死在狱中。囚犯死了还不能从正门抬出来，古人忌讳衙门里抬尸体出来，所以会特意在监狱的临街外墙上修一个死囚洞。每当犯人死亡，尸体就顺着死囚洞推出去，家属在墙外领尸。

△ 明代苏三监狱的死囚洞

古代监狱如此恐怖，却有一些犯人专门混牢饭吃，这便是牢头狱霸。清朝文人方苞在《狱中杂记》中就记载了这样一件事。一个狱霸因杀人入狱，与狱卒相互勾结，欺压犯人，收取保护费。一年下来，竟收了几百两银子，相当于普通人十年的收入。后来遇到大赦天下，他被释放了，在家待了几个月，又怀念起在监狱的日子，就冒名顶替一个杀人犯再次入狱。古代只要不是预谋故意杀人，一般不会被处决。两年后，这名狱霸被判决流放，无法继续在监狱里混饭吃了。临走时，他竟恋恋不舍，惆怅地叹息道："我这辈子再也回不来了！"对于恶棍来说，监狱也能成为天堂；对于顺从的百姓而言，人间可能就是最痛苦的监狱。

48
古代的死刑多吗？

在现代人的认知中，古代的死刑仿佛很普遍，甚至有些随意。古装剧里，官员一言不合就会把人犯推出去斩了，可谓“杀人不眨眼”。不可否认，在古代的乱世和威权时代，死刑的确有些泛滥，草菅人命也并不少见。然而，在大部分的和平年代，古人对死刑的执行是非常慎重的，甚至杀人也并不一定偿命。

中国自古就有“慎刑”观，强调慎重使用刑罚，特别是死刑。除去特殊年代，政府都会尽量控制和减少死刑的数量。司法官员对死刑案的审判也是慎之又慎，往往要经过再三推敲，反复案验，以求“死中之生”。只要情有可原，都会“即开生路”。以唐朝为例，死刑案至少要“过五关”才能执行，即州县初审、大理寺复审、刑部复核、皇帝裁决、复奏请旨。

这里的复奏请旨是指死刑复奏制度。这个制度很有意思，死刑经过反复审核后最终判决无误，但执行前仍要请皇帝“三思”。在唐朝，死刑复奏一般是三复奏或五复奏。也就是说，犯人在执行死刑前，吏部官员要在皇帝面前“磨叽”：“真的要杀吗？”还不能一天“磨叽”完，要隔天再“磨叽”一次，直到皇帝多次肯定答复后，这个犯人才会真的被处决。过程中，皇帝只要有一次动了恻隐之心，这个犯人就不会死。

在古代的司法实践中，还有多种情况可以“杀人不偿命”。

首先，特殊身份的杀人者可以免死。今天，未成年人犯罪不会判死刑，哪怕是杀人重罪。古代也有类似的规定，例如在唐朝，八十岁以上、十岁以下的杀人犯，基本不会被判死刑。今天的孕妇和哺乳期妇女不会被判死刑，古代也如此。另外，古代的残疾人也不会被判死刑。

古人重视孝道，注重家族香火的延续，因此古代的独生子也可以免死。如果死刑犯是家中唯一的男丁，则可以免死，留下来赡养父母和祖父母，这就是所谓的“留养承嗣”。幸好古代没有计划生育，在独生子遍地的今天，如果继续执行留养承嗣的规定，那基本就等于废除死刑了。

古代的贵族和高官一般也不会被判死刑。流传甚广的“王子犯法与庶民同罪”的说法其实是忽悠老百姓的政治口号。除了那些有“免死金牌”的人外，从唐朝开始还有所谓的“八议”之律，即八种犯人也可以商议免死。包括皇室宗亲、前朝皇帝后代、三品以上官员、重大功勋者等。他们犯了死罪一般也不会被判死刑，除非谋反大罪。然而，八议之律在清朝就不管用了，雍正皇帝认为：“亲故功贤等人，为朝廷所倚重，理当奉公守法，为士民之表率，绝对不能姑息纵容。”在维护法律尊严方面，四爷还真是个狠人！

其次，与受害者特殊关系的杀人者可以免死。明清法律规定，若子孙有殴骂长辈等不孝行为，长辈将其打死也不受处罚。即便子孙无重大过错，长辈因为教育子孙而将其打死，顶多也只会被判杖刑或徒刑。古代丈夫杀妻并不会直接免死，但丈夫只要能证明自己并非故意杀害妻子，或者妻子有明显过错，比如出轨，就不会被执行死刑。

古代奴婢的地位很低，奴婢的命不是命。主人打死奴婢不会被判死刑，只是杖刑一百。唐、宋、元三代，良人杀死别人家的奴婢都不会被判死刑。奴婢的地位可谓“低到了尘埃里”。历史上有一个时期，中国大部分的汉人都沦为奴婢的地位，这就是蒙古人统治的元朝。在当时，蒙古人打死汉人只需要赔偿烧埋银，另外罚其参军出征，并不会被判死刑。

再次，特殊原因的杀人也可免死。古代便有正当防卫的概念，比如妇女反抗强奸而杀死对方，只会被判杖刑五十下，还可以花钱免除杖刑。另外，因复仇的杀人也不会被判死刑，特别是子女为父母复仇。

最后，古代的“大赦天下”也会给死刑犯免死的机会。在古代，皇帝登基、更换年号、立皇后或太子以及遭遇天灾的时候都会下令大赦天下，死刑犯便有机会被赦免或减刑。一般来说，故意谋杀罪不在赦免之列。但在实际操作中，经常会将全部罪犯都赦免。前篇讲到的监狱里狱霸的事例，就是因为大赦天下而使杀人犯被赦免释放。《宋史》记载，后周时，陕州人范义超因私怨杀了邻居一家十二口，陕州官员上奏“引赦当原”。最终，皇帝因其杀人太多而没有赦免。但杀十二个人都敢请求赦免，足以说明古代赦免死刑的宽度有多么大。

以上所述，便是古代“杀人不偿命”的情形。在慎用死刑的观念下，古代的死刑执行并不多。根据《中国古代死刑制度史》一书的统计，乾隆年间每年核准死刑二千四百到三千件，而实际执行的只有七八百件。这个人数在总人口中的比例，远低于同时代的英国。换句话说，近代中国司法的死刑观念并不比西方落后。死刑的慎用是对人权的基本保障，更是对生命敬畏的体现，根本上代表着社会和司法的文明与进步。

49
古代真的有“免死牌”吗？

古装剧里常出现这样一种反转情节：某臣民犯下死罪，处决之前，家人突然拿出本朝先帝赐予的“免死牌”，将罪人从鬼门关拉回。古代真的有这种免死牌吗？

还真有！免死牌的正式名称叫“铁券”，是一块带有铭文的铁牌子，外形如弧状的瓦片。有的铁券铭文用朱砂填充，字体为红色，所以叫“丹书铁券”；有的铁券铭文用黄金填充，所以叫“金书铁券”；还有的铁券本身就为黄金材质，因此有了“免死金牌”的说法。古代的铁券一般一式两份，一份放在太庙或宫中，一份发给受赐人。使用时，两份铁券能契合在一起，表明铁券的真实性。

铁券制度草创于西汉。汉高祖刘邦是草莽出身，靠着众多老哥们的奋力辅佐才夺取了天下。当了皇帝后，刘邦给这些建国功勋许诺了许多特权，镌刻在铁券上，然后放在金盒子里，藏于宗庙中。《汉书·高帝纪》记载："又与功臣剖符作誓，丹书铁契，金匮石室，藏之宗庙。"这是史书对铁券最早的记载。文中，铁券被称为"铁契"。"契"即契约，有盟誓承诺的作用。所以，汉初的铁券本质是皇帝对功臣做出的盟誓承诺，相当于功臣的"荣誉证书"或"优待证"。然而，汉朝铁券的各种优待中，并无免死的内容，也起不到免死护身的作用。司马迁曾做过统计，汉初封的功臣有一百多个，到了汉武帝太初年间，这些功臣的后代就剩下五个还被"封侯"，其余都"殒命亡国"了。可见，汉朝铁券根本就无法免死。

到了唐朝，铁券制度正式确立，铁券的发放和使用变得制度化、规范化、程式化。这时候的铁券才真正具备免死的作用。唐朝铁券的铭文内容一般由四部分组成。

第一部分是赐铁券的日期，受赐者的姓名、官爵、邑地，此为受赐基本信息。

第二部分记载受赐者的功勋业绩，解释为何能够受赏铁券。此部分多为夸奖赞美之词。如唐僖宗赐给陈敬瑄的铁券中写有"卿五山镇地，一柱擎天，气压乾坤，量含宇宙，戮奸能如剪草，除莠更若焚巢"。听上去简直就是皇帝给大臣拍马屁。这么给你戴高帽，你还好意思不忠心事主吗？所以，古代铁券的首要作用是为了维护皇权统治。

△ 明代会川伯赵安免死铁券（正面）

△ 明代会川伯赵安免死铁券（背面）

铁券的第三部分是核心内容，会写明赏赐你哪些特权，免死的内容也在这一部分。一般会写“或犯常刑，有司不得加责”——小罪随便犯——以及免除死罪的次数。具体免几次呢？受券者本人通常可免死七到十次之多，子孙后代还可以免死一到三次。

铁券的最后是结束语，一般会有勉励语，鼓励受券者继续报效朝廷。在这部分，皇帝会起誓发愿，说些类似“山无陵、天地合”风格的誓词，以保证铁券长期有效。

宋、明两朝沿袭了唐朝的铁券制度，也做了一些调整。明朝铁券的免死次数比唐朝缩水许多，最多只能免死三次，子孙后代一般只能免死一次。这说明君主专制制度在不断加强，皇帝对大臣的驾驭更加严格了。

在古代，并不是有了免死铁券就啥罪都能免死，对于触及皇权根本的谋反罪，历代都不能免死。另外，铁券制度本是皇帝制定的“游戏规则”，但是我国古代皇权至上，皇帝经常破坏规则，再遇上不守信用的流氓皇帝，更会将免死制度玩弄于股掌，导致铁券如同废铁。这种破坏游戏规则的现象，在明朝最为常见。朱元璋经常以莫须有为谋反的罪名屠戮功臣。李善长的免死铁券本可免死两次，朱元璋借口他谋反，杀害其全家七十多口。再比如大将蓝玉，也有免死铁券，最终下场却被“剥皮楦草”。朱元璋的儿子朱棣，跟他老爹一样不守信义，经常借故没收大臣的免死铁券。到了明朝中后期，铁券更成了太监用来拉拢和打击大臣的玩物。明武宗时，太监刘瑾的权势很大，他不仅乱赐铁券，而且还擅自收回先朝赐给功臣的铁券。铁券制度彻底被明朝太监玩坏了。因此，清朝建立后，废弃了铁券制度。有的清宫剧中，大臣也拿出了免死铁券，这不是大臣“穿越”了，而是编剧无知。

在存世的铁券中，最古老、最著名的，当数唐朝钱镠的铁券。钱镠当年平叛有功，被唐昭宗赐予免死铁券。唐朝灭亡后，钱氏后裔一直珍藏此券。宋太宗、宋仁宗、明太祖、明成祖、乾隆帝都曾观赏过此铁券。明朝的铁券，正是朱元璋参考了这个铁券制作的。直到1959年，钱氏家族将其世代珍藏了一千多年的铁券捐献给国家，现藏于中国国家博物馆。

△ 唐代钱镠金书铁券

50 古人犯法不用坐牢？

刑罚中常见的有死刑和徒刑，其中大部分刑罚最后执行的都是有期徒刑，就是我们俗称的“坐牢”。古代也有徒刑，但是和今天不一样，古代的徒刑并不用坐牢。

中国古代主要有“笞、杖、徒、流、死”五种刑罚，称为五刑。徒刑是严厉程度次于流放刑和死刑的刑罚。《说文解字》解释：“徒，步行也。”引申之意为劳碌奔忙之人。今天的徒刑是一种剥夺人身自由权利的“自由刑”，古代的徒刑则是一种劳役刑，也就是给国家干活。

具体干什么活呢？秦汉时期主要有“城旦舂”和“隶臣妾”两类。

城旦舂是徒刑中最重的一级。《汉旧仪》记载：“城旦者，治城也，女为舂，舂者，治米也。”可见，城旦是针对男性罪犯的徒刑，要修筑城墙；舂是针对女性罪犯的徒刑，要给粟米脱壳。修城墙和舂米只是比较笼统的说法，实际上劳役的范围很广，比如充当国家兵工厂的工匠。考古工作者在出土的一件秦戈上曾发现过“工城旦×”的铭文，说明这是一个被判处城旦舂的罪犯工匠制造的。

△ 古代劳动场景模型复原（位于江宁博物馆）

有人可能觉得这徒刑也太轻松了，大不了就是当民工出苦力呗！事实没那么简单，秦汉时期的徒刑一般还伴有残酷的肉体附加刑。比如“斩城旦舂”，就是要砍掉犯人的左脚趾。如果左脚趾已经砍掉，那就再砍右脚趾。还有“黥劓城旦舂”，黥是在犯人的脸上刺字，劓是割掉犯人的鼻子。只有“完城旦舂”一类是无附加刑的徒刑。《张家山汉简》记载：十岁以下的儿童犯罪是不受刑罚的，唯杀人除外，杀人者要判处“完城旦舂”。可见，古代的未成年人犯了杀人罪也是要判刑的。

关于城旦舂的刑期，学界尚有争论。多数学者认为最多是六年，也有学者认为是无期限的。城旦舂犯人的妻子和儿女会沦为奴婢，家产也会被没收。可见，城旦舂的刑罚还是很重的。

汉文帝时代，对城旦舂刑罚进行了改革。一是废除了附加肉体刑，二是刑期限定在二至五年。不再砍脚趾或割鼻子了，改为笞刑、钛趾、钳刑、髡刑等附加刑。笞刑是用藤条抽打犯人的身体，一般打五百下，对于行刑的人也是体力活；钛趾是戴脚镣；钳刑是在脖子上戴铁圈；髡刑则是剃掉犯人的头发。在讲究“身体发肤受之父母”的古代，这些刑罚的“伤害性不大，但侮辱性极强”。

说完了城旦舂，再说一下秦汉时期的另一种徒刑——隶臣妾。其实就是给官府当杂役，男犯称“隶臣”，女犯称“隶妾”。隶臣妾犯人的地位比城旦舂犯人要高许多，比如城旦舂犯人干活的时候，隶臣妾犯人可以当监工，负责监管。隶臣妾还可以负责追捕盗贼、传送文书等杂务工作，俨然是官员的小助手，相当于给官府做杂役来抵销罪行。

隋唐时期，徒刑在判决时要明确刑期，一般在一至三年之间。在京的男犯人送将作监当工匠，女犯人则送少府监缝作，都是给皇家干手工活。这种刑罚不错，不仅服了刑，还学会了一门手艺，倒也是一举两得。地方的犯人则是负责修理官府、仓库及充当杂役。服刑期间，犯人的衣粮由政府提供，每十天还会有一天的假期。古代是不怕徒刑犯人逃跑的，因为背井离乡比给官府干活更痛苦。

△ 清代刑具〔从左往右依次是：老虎凳，水火棍，夹棍，指夹（挂在墙上）〕

由汉至唐，徒刑经历了由重到轻的变化。后世历代王朝，基本沿袭了唐朝的刑罚制度，徒刑也基本没有大的变化。唐朝之后的徒刑，远低于死刑和流放刑的严重程度，属于中低档刑罚。像盗窃罪这种中等程度的犯罪，就会被判处徒刑。《大清律例》还根据偷盗数额的不同规定了徒刑期限：“五十两杖六十徒一年；六十两杖七十徒一年半；七十两杖八十徒二年；八十两杖九十徒二年半；九十两杖一百徒三年。”清代一两银子的购买力折合今天五六百元，也就是说，盗窃数额约三万元就要判一年了。

尽管古代的徒刑不用坐牢，但小伙伴们穿越回去也不要轻易尝试。假如不小心在秦汉犯了罪，干苦力活是小事，割鼻子、剁脚趾你可真受不了。

51
古代的流放有多惨？

在文学作品和影视剧中，经常看到古人被判流刑，俗称发配或流放。《水浒传》里的宋江、林冲、武松皆有此经历。很多朋友以为流刑就是换个地方生活，其实远没有这么简单。

流刑在先秦时就有雏形，称为“流”“放”或“窜”。比如商朝国君太甲，曾因统治无道而被权臣伊尹流放到桐宫，史称“伊尹放太甲”。当然，这种流放属于政治软禁，吃喝无忧，只是让你闭门思过。秦汉时期的流刑称为“迁”，将罪民强行迁徙到离家较远的地方生活，或者将其发往边境地区戍守。比如秦朝嫪毐叛乱，其党羽都被迁往蜀地，总共有四千多家。这一时期的流刑多是随机的，未见于国家法律条文之中，和后世的流刑还有较大区别。

流刑在唐代正式确立，并成为五刑之一。唐代流刑分三等，即二千里、二千五百里、三千里。尽管是按照距离流放，但古人算得没有那么精准，一般就是流放到偏远落后的地区。到流放地后，罪人只须服役一年，然后就在当地自由生活。罪人流放时，妻子必须陪同，而且不能以此为由离婚。这可能是怕罪人在流放地太寂寞，所以派老婆前来陪同。至于父母儿女，则全凭自愿，想跟着去也行。流放的期限一般为六年，六年后罪犯就可以回到原籍地生活，也可继续留在流放地，一般人都会选择前者。流放期间，如果遇到皇帝的大赦令，罪犯也可以提前返乡回原籍。

古代流刑的设立，是基于古人安土重迁、不愿离乡的观念，以此作为惩罚。但随着时代的发展和观念的变化，迁徙不再是一件很痛苦的事，古人在心理上也能接受了。像唐代的流刑，没有任何附加刑罚，只是迁居外地，甚至还能带着老婆孩子，期满后还可以自由返乡，这简直就如同一场“说走就走的长期旅行”。在流放地，罪人服役一年后就可自由生活，有的甚至经商致富。唐朝大臣裴伷先，因罪被流放至北庭地区。在这里，裴伷先生活得很自在，不仅经商致富，挣了几千万家财，还娶了胡人贵族的女儿为妻。

到了宋朝，国家认识到流刑的惩治力度严重不足，遂对流刑进行了改革。宋朝的流刑，集杖刑、刺面、发配、劳役于一体，形成了一条龙的“刺配”刑罚。当时的流刑多判于重罪，是“降死一等”的重刑。流刑犯人要先接受杖刑，挨二十大板。宋代的杖刑特别狠，行刑的板子有一米长、六厘米宽、三厘米厚，分别打到犯人的大腿、屁股、脊背上，能把犯人打得皮开肉绽。杖刑后，犯人还要接受官府的“刺青服务”，也就是刺面，又称黥刑。刺面多刺在耳朵后或脸上，一般刺“配××州、府屯驻军重役”这几个字，如果地名很长，那就痛苦了。杖刑和刺面后，才最终发配到流放地服役。刚被打个半死，接下来又是旅途劳累，很多犯人是吃不消的。到了流放地，重刑犯可能服役终身，即便遇到皇帝大赦令也不得返乡。

对宋人来说，最可怕的流放地是“沙门岛”，《水浒传》里的卢俊义就曾刺配沙门岛。沙门岛即今山东庙岛群岛中的庙岛，北宋时属于登州府管辖。今天，那里被誉为“中国最美的十大海岛”，是山东烟台的著名旅游胜地。小伙伴们也许会觉得刺配此地也挺爽啊——远离尘嚣，面朝大海，春暖花开，闲暇时填词两首，岂不美哉！这么想你可就大意了，因为沙门岛的真实服刑生活如同炼狱。

宋代的沙门岛主要刺配谋反、强盗、杀人、纵火、强奸等重刑犯。正因为是重刑犯，岛上的监守对犯人异常严苛，经常虐待甚至滥杀犯人。沙门岛的犯人限额是三百人，但实际人数经常超额。超额犯人没有国家的粮食分配，所以犯人们经常吃不饱。如果犯人严重超额，监守真的会将犯人扔到海里去喂鱼。《宋稗类钞》记载：“黥卒溢额，则取一人投于海。”当时有一个叫李庆的监守头目，两年内就在沙门岛弄死了七百个犯人。时人称：“沙门岛见禁罪人，与死为邻。”《水浒传》里，薛超在押送卢俊义的时候恐吓道：“你便是到了沙门岛也是一个死！”由此看来，此言着实不虚！所以，如果真的在宋代被刺配沙门岛了，你绝没有心思填词，倒是很有可能添坟。

清朝的流放刑，最狠的便是流放宁古塔。如果再加一句“与披甲人为奴，永世不得入关”，那就等于被打入了无间地狱，永世不得超生。“披甲人”指戍边的军人，这些人生性野蛮，给他们做家奴如同当牲畜。而且这种苦难永无尽头，因为流放者的子孙后代也是为奴贱民，儿子不得读书识字，女儿长大即成为男主人的玩物。凡主人家有男子新婚，为奴者妻女还会被拉去试床，遭遇十分悲惨。宁古塔在今天黑龙江海林市境内，当时是极寒之地。今天的宁古塔地区已成为冬季旅游胜地，即网红景点“雪乡”。古人打死都不去的地方，今人却花钱抢着来，这就是人世间的沧海桑田。

52
古代的滴血认亲靠谱吗?

所谓亲子鉴定，是指运用生物学、遗传学有关技术，鉴定父母和子女之间是否有亲生关系。在古代的宗法社会中，孩子的亲生关系极为重要，直接影响到继承问题，所以古人也会做“亲子鉴定”。影视剧中，古人最常用的亲子鉴定方法为“滴血认亲”，这种方法靠谱吗?

滴血认亲法在三国时期就已出现，宋朝时被写入法医学经典著作《洗冤集录》中，被后世奉为圭臬。滴血认亲有两种具体操作方法。第一种是滴骨法，将活人的血液滴在死者的骨头上，观察血液是否渗入骨中，渗入则表示有血缘关系。第二种就是影视剧中常见的合血法。检验者将两个活人的血液滴在装水的器皿中，如果血滴融为一体，则说明二人有血缘关系。滴骨法出现较早，合血法在明代才应用于司法检验。其实，这两种方法都缺乏科学道理，是古人对血缘作用的主观夸大。

先说滴骨法的荒谬。人死后，骨骼外的皮肤、肌肉等软组织会逐渐腐败，最后仅剩白骨化的骨骼。此时的骨骼，其表层通常会因腐蚀而变酥，滴入什么血液都会渗入，哪怕滴的是狗血或猪血。如果骨骼的表面结构尚存，还未被腐蚀发酥，无论滴入何人的血液，都很难渗入。

至于合血法的血液相融现象，则是由人的血型决定，与血脉亲缘无关。当下，血型区分最常用的是ABO血型系统，即常说的A、B、AB和O型血。在不同血型的血液里含有的抗原和抗体是不同的，同类的抗原和抗体相遇就会发生沉淀，即合血法中的不相融现象。举个例子，A型血有A抗原，B型血有A抗体，A抗原和A抗体相遇就会发生沉淀，所以A型血和B型血就不相融。但是，A型血的父亲可能生出B型血的儿子，亲生父子的血液也可能不相融。更荒唐的是，古人还认为“夫妻关系”也能靠滴血法辨认，孟姜女就是用此法认出了埋在长城下面的丈夫。所以，合血法根本就不能验证亲缘关系。

到了清代，人们越发怀疑滴血认亲的可信度，当时的法医林几就说滴血认亲“不足为凭”。清代纪晓岚的《阅微草堂笔记》中记载了这样一个滴血认亲的荒诞案件。有个山西商人，把家产托付给弟弟保管，自己到外地经商。多年后商人带了一个儿子返回家乡，说自己在外结婚生子了，不幸妻子早亡，只剩下儿子一起回来了。

孰料，弟弟怀疑哥哥的儿子是抱养而非亲生，将此事告到官府。实际上，弟弟是想趁机侵占哥哥的家产，想以哥哥没有儿子为理由“吃绝户”。

县官接案后，对商人和儿子做了滴血认亲，估计二人的血型恰好相同，所以血液真的相融了，县官据此认定二人的亲生父子关系。这弟弟还不信邪，回家后搞起了试验，和自己的儿子也来了个滴血认亲，结果血液并未相融。弟弟将此结果禀告县官，意思是说：你看，滴血认亲的方法有多不靠谱，不能以此认定哥哥的儿子是亲生。县官此时也很狐疑，甚至想推翻原有的判决。但是，周围的邻居听说后，厌恶弟弟想“吃绝户”的恶行，于是爆料弟弟的媳妇曾经与他人出轨。县官得知后，将出轨对象拘来审问，此人供认不讳。弟弟本来是想捞哥哥一笔，没想到最后弄巧成拙，反倒自己意外收获了一顶“绿帽子”。至于商人的儿子是否为亲生，终究也是个谜。

除滴血认亲外，古人还会利用“亲情表现”来做亲子鉴定。此方法最早见于东汉著作《风俗通义》，当时两个妯娌争夺一个孩子，都说是自己亲生的，闹到了官府。官员下令把孩子抱到衙门，让两个妯娌抢——谁抢到就是谁的。嫂子抢得很用力，弟媳则怕孩子受伤就没使劲抢，表情中还带有悲伤。官员据此判断，孩子是弟媳的。这个道理就是民间常说的：两个人抢孩子，先放手的一定是亲妈。

古代也有利用生理学和遗传学原理做亲子鉴定的。《宋史》记载，李南公任长沙县令时，接了一个争子案。某女丧夫，带着婴儿改嫁，七年后，前夫家前来索要孩子。此女不想给，辩称孩子是和现夫所生。李南公就问孩子多大了，女人谎称七岁。李南公又问孩子是否换牙了，女人回答去年已换。李南公随即判断孩子是该女子与前夫所生，理由是男孩八岁才换牙，这孩子肯定不是七岁。古人当官必须具备丰富的生活知识，连男孩几岁换牙都要牢记在心。《明史》里也记载了一个采用了类似亲子鉴定方法的案例。一个叫周允文的人，晚年与妾得子。周允文死后，侄子想霸占其家产“吃绝户”，污蔑其子非周亲生，告到官府。官员的鉴定办法很简单，让周的儿子与其他同龄孩子站在一起，然后召集周氏宗族的人都过来辨认：看看哪个孩子像周允文。大家都指认周的儿子，官员据此判断孩子是周亲生。

最后讲的这些鉴定的方法，手段虽然原始，但不乏朴素的科学道理，比滴血认亲方法靠谱得多。古代的滴血认亲，不但无法认亲，甚至还可能害人，其错误结果，可能导致很多人此生妻离子散，也会导致很多人一辈子“戴绿帽”。

53
古代法医如何尸检？

验尸，也称尸检，是指运用解剖学相关知识对尸体进行检验，鉴定出死亡原因和死亡时间等信息。人命关天，自古以来，我国司法机构就重视对命案死者死因的鉴定。秦汉时期，已经有了简单的尸检方法，比如从伤口形状判断凶器种类。到了宋朝，我国的司法检验制度达到鼎盛，出现了里程碑式的著作——宋慈编写的《洗冤集录》。清朝时，司法检验制度进一步完善和细致。接下来，王老师就来给大家介绍几种古代的验尸方法。

古代的命案主要有两种情形：一是自杀（包括意外死亡）；二是他杀。命案发生后，事主或地方保甲（相当于今天的居委会主任）必须报案并等待官府尸检，此称“报检”。有些情形的命案也可以免检，比如毫无疑点的自杀，如果家属无异议，官府可不进行尸检。这里的家属确认也很有讲究，如果是妻子在夫家自杀，必须征得女子娘家人的确认才能免检，以此防止夫家人谎报自杀。另外，死因清楚的他杀，且行凶者确认无疑，也可不用尸检。

命案发生后的第一次尸检称为初检。在宋代，初检后还要由其他尸检官进行复检，防止初检官失误或舞弊。清代一般只进行初检，复检只有在家属持续鸣冤上告的情况下才会进行。如果案情重大且复杂，不得已的情况下还会进行三检。

清代初检一般是县级负责，县官必须亲自到场，随带仵作即验尸官一名、负责刑案的书吏一名、衙役两名。死者的家属、邻居和地方保甲都要到场，以保证尸检的公正可信。尸检时，仵作亲自操作，要按照刑部印发的“验尸图格”进行检验。验尸图格是一种标准化的验尸操作表格，上面列出人体各部位项目。仵作验尸时要高声喝报尸体每个部位的情况，比如伤口形状、大小、深浅等，书吏当场将情况填写到验尸图格上。尸检结束，仵作和家属及邻居、保甲都要签字画押，证明尸检无误。

具体的验尸方法，宋代之后皆遵照宋慈的《洗冤集录》操作。此书乃古代尸检的金科玉律，其问世标志着中国古代法医学的正式诞生。下面简单介绍几种该书记载的验尸方法。

如果是外伤致死，可根据伤口的形状推知凶器：如果是斜长的伤口，就是木器所伤；如果呈现一片不规则的圆形，或是三角形的尖尖的伤口，就是砖石造成的伤口。

如果死者被报为自缢身亡，则检验脖颈上的瘀痕，“自缢伤痕八字不交”。后颈瘀痕呈八字状且不交叉，说明是自缢身亡；如果瘀痕呈交叉状，则是被他人勒死；如果是死后被作假成自缢状，那么颈上瘀痕会是白色的，不会有血色瘀痕。

△ 《洗冤集录》（道光刊本，藏于中国国家博物馆）

水中打捞出来的尸体，要检验尸体的姿势。如果两手张开、双眼不闭，则是失足或被他人推下水，因为死前曾奋力自救。如果两手紧握，双眼紧闭，则是投水自杀，因为生前只求速死。如果死者是被人谋杀后再被投水的，尸体皮肉的颜色泛黄而不是发白。死后入水，不会呛水，因此肚皮也不胀，口鼻耳眼也没有水流出，手指缝里也不会有泥沙。

如果是服毒死亡，尸体全身会变青黑，骨头也是黑色的。如果死后被灌入毒物，毒物不会进入体内，骨肉也不会变色。另外，还可用银针验毒。将银针插入尸体某一部位，如果该部位有毒物，则银针变黑，擦拭后黑色不去。这是因为古代的毒药多为砒霜，即三氧化二砷。古代受到工艺限制，砒霜中就会有一定的硫杂质。银针遇到硫后会发生氧化反应，故而变黑。

如果死者死亡太久，尸体已经高度腐败了，古人是不是就束手无策了呢？别急，《洗冤集录》里还有终极大招——蒸骨验尸法。蒸骨验尸需要在艳阳高照的晴天进行，这并不是为了辟邪，而是需要太阳光来辅助检验。具体操作方法是这样的：用清水将尸骨洗净，用麻线将尸骨按照人体形状固定。接下来，在户外挖出一个人体大小的坑，用柴炭将坑底烧热。烧热后，取好酒二升、酸醋五升泼入坑内。酒醋会迅速变成蒸汽，这时再将尸骨放入坑中，覆盖好，蒸上两三个小时。

蒸骨完成后，就要开始验尸了。尸检官将尸骨放在阳光下，用红油伞遮盖透光，然后在伞下观察尸骨。如果骨上某处有红色血影，则说明此处生前被打，死者系死于非命。因为被打出血后，血红蛋白会向骨质内浸润，为骨质所吸收，分解后在骨头表面形成血影。之所以要在红伞下观察，是因为红油伞能够挡住太阳光线中的其他可见光，只让红外线透过伞照在骨头上，以此使血影显现。至于为何要用酒醋蒸骨，有的说法认为是为了消毒，有的说法是为了去除骨上的杂质，使血影更加清晰。

看了上述古代验尸的方法后，你是不是很佩服古人？如果穿越回去，身边正巧有一本《洗冤集录》，没准还真能当一回法医。但是给您提个醒：验尸时一定要保持敬畏之心，因为这是对生命的基本尊重。

后记

逝者如斯夫，不舍昼夜。转眼间，《古代人的日常生活》已经出版一年多了。感恩读者朋友们的青睐，除平装和精装两个版本外，这本书的繁体版也在港台地区上市，各版本已累计销售十几万册。这着实让我这样一个中学历史老师喜出望外，也激励了我继续坚持写作下去。于是，承蒙出版策划方读客文化的鼓励和信任，经过近半年的创作和修改，《古代人的日常生活：古代也有“996”工作制吗？》，也就是《古代人的日常生活》第二部终于和小伙伴们见面了。

这本书的初稿，是我在寒假期间于西双版纳完成的。与第一部基于抖音短视频文稿的创作方式不同，第二部书的创作基于文献阅读，内容的严谨性有所提高。遵照读者的建议，本书在最后列出了所有的参考文献。在本书修改期间，书稿还送给了我的同事、学生和家长试读，他们从不同角度提出了许多宝贵的修改意见。特别是我的学生，以青少年的独特视角提出了许多建议，给本书注入了许多朝气。在此，我向他们表示由衷的感谢！

读过《古代人的日常生活》的朋友，多少能在字里行间感受到我对宋朝的偏爱，这可能不同于很多人的固有认知。国人读史，多会崇拜那些开疆拓土的强势王朝。实际上，这种传统的历史认知框架建立于近代中国落后挨打的背景之下，有着鲜明的时代烙印。那时的民族意识中带有强烈的悲愤情结，渴望国家摆脱落后面貌，追念昔日强势王朝能够带来莫大的精神慰藉，因而形成了普遍的历史记忆。而疆域有限、缺少对外征服的宋朝，自然较少受到国民的垂青。

我在少年时代也有这样的认知，强必称秦汉，盛必言隋唐，笃信这才是我中华民族应有的雄伟姿态。然而，随着年龄阅历的增长和史料阅读的增多，我越发感觉到古代王朝的强势与民众的幸福并不一定是正相关。穷人无立锥之地，疆域再大也是帝王的嫁裳；小民没有尊严，国势再强也是历史之虚妄。皇权之下的华夏黎民，似乎很难摆脱“兴也苦，亡也苦”的历史际遇。

如果我们跳出宏大叙事的视角，将目光下沉到人间烟火，你会发现，赵宋王朝才是古代普通民众的幸福时光，是中国古代文明里最伟大的时代之一。尽管宋朝也有诸多历史弊病，但在文明发展与社会生活方面，堪称古代中国之巅峰。诚如国学大师陈寅恪先生所言：“华夏民族之文化，历数千载之演进，而造极于赵宋之世。”

宋朝的伟大，不仅在于使中华文明登峰造极，更在于开启了世俗化的近世生活，让小民的生活变得有滋有味。日本学者内藤湖南在上世纪初提出了“唐宋变革论”，认为唐朝和宋朝是两个截然不同的时代，唐朝是中古历史的结束，宋朝则是近世历史的开始。在本书的创作过程中，我对这一观点深表认同。古人的日常生活方式，多在宋朝出现了划时代的革新，显现出了近世的端倪。比如在婚姻上，唐朝以前重门第，宋朝则论钱财，更世俗；饮食上，唐朝以前多食粟米，宋朝则出现了南稻北麦的格局，更富庶；坐姿上，唐朝以前人们席地跪坐，宋朝人则垂足坐于椅凳，更舒适。此外，宋朝还出现了许多颇具现代气质的事物，如消防队、自媒体、娱乐城、广告业、法医学、房产中介、遗嘱继承等。

举宋朝的例子是为了说明，学习历史，不仅要有广度和深度，更要有温度。这种温度，源于对生活的热爱，源于对人性的真诚，源于对普通人的尊严的关注，源于对民族文化的真正自信。《古代人的日常生活：古代也有“996”工作制吗？》将会继续满足你对古人日常生活的好奇，在家长里短中探寻中国人的文化基因，在谈笑风生中感受华夏文明的历史温度。

最后，再次感谢读者朋友们的选择和信任！期待这本书能让您更加热爱阅读，热爱历史，热爱生活。

2021年5月9日于长春家中

参考文献

职场篇

[1] 许昌浩. 古代公务员的考勤与“治庸”[J]. 公民与法治，2018，000（020）：42-44.

[2] 何云云. 明代官员的作息生活与休假旅游[D]. 东北师范大学，2018.

[3] 黄晋祥. 浅谈中国古代的作息制度[J]. 新西部（下旬，理论版），2011，08（No.199）：133-134.

[4] 匡丹丹. 上海工人的收入与生活状况（1927-1937）[D]. 华中师范大学.

[5] 王雪萍. 十六至十八世纪婢女生存状态研究[D]. 东北师范大学，2007.

[6] 周荣. 明代致仕官员的食俸与养老[J]. 武汉大学学报（人文科学版），2006（01）：64-70.

[7] 聂智昊. 明代致仕制度研究[D]. 吉林大学，2012.

[8] 李莎. 乾隆朝官员离任制度研究[D]. 华东师范大学，2014.

[9] 艾永明. 清朝文官休致制度简考[J]. 苏州大学学报（哲学社会科学版），2009.

[10] 潘春燕. 宋代消防制度研究[D]. 广西师范大学，2008.

[11] 丁小珊. 清代城市消防管理研究[D]. 四川大学.

[12] 韩树伟. 论清代的略人略卖人[D]. 青海师范大学，2014.
[13] 余贵林. 宋代买卖妇女现象初探[J]. 中国史研究，2000（03）：102-112.
[14] 毛蕾，陈明光. 中国古代的“人牙子”与人口买卖[J]. 中国经济史研究，2000（01）：126-133.
[15] 潘宇. 明清及民初的讼师与讼学研究[D]. 吉林大学.
[16] 党江舟. 中国讼师文化[M]. 北京：北京大学出版社，2005.
[17] 徐梓. 明清时期塾师的收入[J]. 中国社会经济史研究，2006，000（002）：30-37.
[18] 申国昌. 明清塾师的日常生活与教学活动[J]. 教育研究，2012，000（006）：123-128.

家庭篇

[19] 刘利鸽，靳小怡，姜全保，等. 明清时期男性失婚问题及其治理[J]. 浙江社会科学，2009（12）：78-82.
[20] 王跃生. 十八世纪后期中国男性晚婚及不婚群体的考察[J]. 中国社会经济史研究，2001，000（002）：16-29.
[21] 施伟. 纳征、聘礼及其相关问题研究[D]. 上海社会科学院，2015.
[22] 朱运荣. 宋代嫁妆初探[J]. 安徽广播电视大学学报，2009（04）：118-123.
[23] 薛莉. 先秦、秦汉聘礼和嫁妆研究[D]. 陕西师范大学，2012.
[24] 毛立平. 清代妇女嫁妆支配权的考察[J]. 史学月刊，2006，000（006）：103-108.
[25] 崔兰琴. 唐以降传统法定离婚制度探究[D]. 中国政法大学，2009.
[26] 汪文学. 传统中国男子惧内现象考论[J]. 寻根，2005.
[27] 刘雨过. 论明清小说中的“惧内”[J]. 河池学院学报，2009，29（06）：33-36.
[28] 牛志平. 说唐代“惧内”之风[J]. 史学月刊，1988（02）：40-43.

[29] 袁连. 中国古代社会的惧内现象[J]. 山东农业工程学院学报（06）：141-142.
[30] 陈宝良. 正侧之别：明代家庭生活伦理中之妻妾关系[J]. 中国史研究，2008，000（003）：123-144.
[31] 徐泓. 明代的家庭：家庭形态、权力结构及成员间的关系[J]. 明史研究，1994.
[32] 范梦. 宋代妻妾关系研究[D]. 西南大学，2012.
[33] 张凡. 明代家产继承与争讼[D]. 中国政法大学，2011.
[34] 邵俊利. 清代"为人女"与"孀妇"财产继承权问题研究[D]. 南昌大学，2014.
[35] 魏天安. 宋代的户绝继承法[J]. 中州学刊，2005（03）：194-198.
[36] 瞿大静. 宋代国家对户绝财产的侵占情况[J]. 安徽文学（下半月），2016（12）.
[37] 赵曼. 从判牍看明代户绝继承[D]. 中国政法大学，2011.
[38] 陆璐. 论宋代赘婚[D]. 苏州大学，2012.
[39] 李云根. 宋代入赘婚略论[J]. 江西社会科学，2012（08）：108-112.
[40] 邢铁. 我国古代的赘婿继产问题[J]. 民俗研究，1996（02）：58-60.
[41] 李伟峰. 香火接续：传统社会的招赘婚姻研究[D]. 山东大学，2011.

百科篇

[42] 郭矗矗，范春义. 唐代宫廷傩仪考略[J]. 四川戏剧，2014（10）.
[43] 萧放. 春节习俗与岁时通过仪式[J]. 北京师范大学学报（社会科学版），2006（06）：52-60.
[44] 王学军. 大傩礼与东汉疫病流行及其文学影响[J]. 文化遗产，2017（04）.
[45] 王文远. 古代中国防疫思想与方法及其现代应用研究[D]. 南京中医药大学，2011.

[46] 张彦晓. 宋代照明研究[D]. 河南大学，2014.
[47] 王岗. 北京历史文化研究[C]//邓亦兵. 清代前期北京城房价变化趋势. 北京：人民出版社，2012.
[48] 梅波. 宋代租房现象研究[D]. 四川师范大学，2013.
[49] 范自青. 宋代租赁业研究[D]. 河南大学，2011.
[50] 刘阿平. 唐宋城市房产租赁比较研究[D]. 陕西师范大学，2007.
[51] 晋文. 张家山汉简中的田制等问题[J]. 山东师范大学学报（人文社会科学版），2019（04）.
[52] 高洁. 唐宋民间手工业的品牌商标与广告——以制墨业，造纸业为中心[D]. 河北师范大学.
[53] 杨海军. 论中国古代的声响广告[J]. 商丘师范学院学报（03）：121-123.
[54] 张金花. 宋代的广告与城市市场[J]. 中国社会经济史研究，2004（01）：28-34.
[55] 赵雪婷. 两宋时期诗歌广告研究[D]. 黑龙江大学，2020.
[56] 谢洁. 从《清明上河图》看北宋的广告行为[J]. 开封教育学院学报，2003（04）：14-15.
[57] 张介立. 李郃与唐代叶子戏[J]. 湖南科技学院学报，2012（08）：197-203.
[58] 杨静茜. 麻将源流考——从原形之娱到伪形之累[D]. 云南大学，2011.
[59]李晓春. 中国古代博戏文化研究[D]. 北京大学，2013.
[60] 沈尔安. 澡豆——古代高级洁肤剂[J]. 家庭中医药，2001，008（001）：43.
[61] 高宇. 中国古代化妆品制作技艺研究[D]. 安徽医科大学，2018.
[62] 何端生. 我国古代的洗涤剂[J]. 中国科技史料，1983（02）：88-90.
[63] 刘盈慧. 宋代沐浴研究[D]. 河南大学，2016.
[64] 王莲. 扬州沐浴文化探析[J]. 贵州社会科学，2007（04）：95-97.
[65] 宋亚群，熊若虹. 元明清医家对近视的认识[J]. 中国中医眼科杂志，2017，027（005）：341-343.

[66] 张孙晨. 西洋机制商品在中国的本土化进程——以眼镜为例[D]. 南京艺术学院，2015.
[67] 林日举. “大索貌阅”考实[J]. 中国社会经济史研究，1989.
[68] 蒙曼. 从“税人”到“税地”——中国古代税收改革方向漫谈[J]. 中国税务，2015（12）：38-39.
[69] 陈锋. 中国古代的户籍制度与人口税演进[J]. 江汉论坛，2007，000（002）：51-58.

饮食篇

[70] 曹玲. 美洲粮食作物的传入、传播及其影响研究[D]. 南京农业大学，2003.
[71] 冯丽丽. 秦汉饮食略考[J]. 宜春学院学报，2010（11）：83-85.
[72] 刘梦娜. 宋代饮食文化的考古学考察[D]. 郑州大学，2018.
[73] 吴巧霞. 唐宋农户生产、生活资料消费研究[D]. 西北农林科技大学，2016.
[74] 杨坚. 古代大豆作为主食利用的研究[J]. 古今农业，2000（02）：20-26.
[75] 付婷. 隋唐饮食文化研究[D]. 陕西师范大学，2015.
[76] 胡志祥. 先秦主食加工方法探析[J]. 中原文物，1990（02）：77-82.
[77] 胡志祥. 先秦主食文化要论[J]. 复旦学报（社会科学版），1990（03）：88-94.
[78] 孙刘伟. 北宋东京饮食文化研究[D]. 郑州大学，2019.
[79] 魏华仙. 宋代消费经济若干问题研究[D]. 河北大学，2005.
[80] 黎虎. 唐代的饮食原料市场[J]. 中国经济史研究，1999（01）：67-77.
[81] 王馨若. 唐宋时期食品安全监管法律研究[D]. 郑州大学，2015.
[82] 丁涵. 晋前丝绸之路引入异域水果考——以魏晋赋为中心[J]. 山东师范大学学报（人文社会科学版），2018，63（05）：62-75.

[83] 刘启振，王思明. 略论西瓜在古代中国的传播与发展[J]. 中国野生植物资源，2017，036（002）：1-4，8.
[84] 史军. 中国食物：水果史话[M]. 北京：中信出版集团，2020.
[85] 季羡林. 糖史[M]. 南昌：江西教育出版社，2009.
[86] 柴波. 秦汉饮食文化[D]. 西北大学，2001.
[87] 邱飞飞. 宋代调料研究[D]. 河北大学，2018.
[88] 蓝勇. 中国古代辛辣用料的嬗变、流布与农业社会发展[J]. 中国社会经济史研究，2000，000（004）：13-23.
[89] 金洪霞，郭华波，赵建民，等. 中国六世纪之特色复合调料："八和齑"——《齐民要术》"八和齑"之文化解读[J]. 扬州大学烹饪学报，2012，03（v.29；No.107）：28-32.
[90] 潘明娟. 古罗马与汉长安城给排水系统比较研究[J]. 中国历史地理论丛，2017（04）.
[91] 吴红兵. 宋代贩水业探微[J]. 浙江学刊，2017，000（005）：211-218.
[92] 朱超. 隋唐长安城给排水系统研究[J]. 西部考古，2012，000（001）：P.169-203.
[93] 牛素娴. 两宋都城的用水及水源卫生[D]. 河北大学，2009.
[94] 冯兵. 隋唐五代时期城市供水系统初探[J]. 贵州社会科学，2016，000（005）：67-72.
[95] 刘德增. 板榄、座次与合餐——秦汉坐席、座次与分餐纠正[J]. 民俗研究，2014（6）：32-39.
[96] 王岳. 饮食方式与饮食具设计——从我国饮食方式，饮食具的演变及现状来探讨[D]. 东华大学，2005.
[97] 李春芳. 由分餐到合餐——中国古代就餐方式演变源流及其原因探析[J]. 饮食文化研究，2007，000（003）：64-68.
[98] 杨子华.《水浒》所反映的宋元杭州酒文化[J]. 菏泽学院学报，2006，028（004）：70-74.
[99] 马欢欢. 北宋开封娱乐业研究[D]. 华中师范大学，2012.
[100] 葛文艳. 汉语典型社会底层职业委婉语的流变研究[D]. 湘潭大学，2015.

[101] 伊倩. 宋代酒楼建筑与市民文化生活——以东京樊楼为中心的阐述[J]. 哈尔滨工业大学学报（社会科学版），2014（02）：132-136.
[102] 翁礼华. 隋文帝免酒税而兴唐诗[J]. 中国财政，2012（13）：71.
[103] 刘冬梅，王永平. 从“烧尾宴”看唐代饮食的发展水平[J]. 饮食文化研究，2004（01）：25-33.
[104] 史月梅. 唐代烧尾宴考释[J]. 邢台学院学报，2018（03）：133-134.
[105] 骆亚琪，樊志民. 唐代进士宴会习俗及饮食文化特色考[J]. 农业考古，2013（06）：234-238.
[106] 王晋楸. 战国至秦统一时期的秦军粮食补给研究[D]. 山东大学，2019.
[107] 刘锦增. 平定准噶尔战争中的军粮供应问题研究[D]. 陕西师范大学，2018.
[108] 董建民. 壬辰御倭战争后期（1597-1598）明军粮饷问题研究[D]. 山东大学，2016.

文化篇

[109] 邱理，牛钰. 邸报、小报与宋代新闻传播的发展和繁荣[J]. 黄河水利职业技术学院学报，2011，23（001）：91-94.
[110] 周光明. 关于中国古代新闻传播活动的几点看法[J]. 新闻与传播评论，2007（Z1）：40-45.
[111] 高臻. 论中国宋代小报[J]. 新闻传播，2013，000（001）：220-221.
[112] 程民生. 宋代社会自由度评估[J]. 史学月刊，2009，000（012）：27-40.
[113] 赵贞. 唐代对外交往中的译官[J]. 南都学坛：人文社会科学学报，2005.
[114] 张霞. 出版与近代文学现代化的发生[D]. 复旦大学，2011.
[115] 杨军，杨华林. 论明代江南民间书坊的勃兴及其社会意蕴[J]. 出版科学，2016，024（005）：111-115.

[116] 孙文杰. 清代图书市场研究[D]. 武汉大学，2010.
[117] 钟永新. 明清书坊业与通俗小说销售[J]. 江汉学术，2013，032（001）：90-97.
[118] 谢彦卯. 中国古代书价研究[J]. 图书与情报，2003，000（003）：85-87.
[119] 李伯重. 挑战与应对：明代出版业的发展[J]. 中国出版史研究，2017，000（003）：P.7-29.
[120] 刘佳佳. 明清女子教育初探[D]. 山东师范大学，2012.
[121] 邓文博. 唐宋女子教育研究[D]. 四川师范大学，2010.
[122] 张功荣. 古代蒙书识字写字教材，教法研究[D]. 云南师范大学，2013.
[123] 宋志霞. 中国古代蒙学文献研究[D]. 山东大学，2013.
[124] 李新魁. 汉语共同语的形成和发展（下）[J]. 语文建设，1987.
[125] 麦耘，朱晓农. 南京方言不是明代官话的基础[J]. 语言科学，2012，011（004）：337-358.
[126] 耿振生. 再谈近代官话的“标准音”[J]. 古汉语研究，2007（01）：16-22.
[127] 李新魁. 汉语共同语的形成和发展（上）[J]. 语文建设，1987（05）：14-21.
[128] 董建交. 明代官话语音演变研究[D]. 复旦大学，2007.
[129] 叶宝奎. 也谈近代官话的“标准音”[J]. 古汉语研究，2008（04）：56-62.
[130] 邓洪波. 正音书院与清代的官话运动[J]. 华东师范大学学报（教育科学版）1994（03）：79-86.
[131] 程民生. 宋代的翻译[J]. 北京师范大学学报（社会科学版），2013（2）：62-70.
[132] 王向远. “翻”，“译”的思想——中国古代“翻译”概念的建构[J]. 中国社会科学，2016（02）：138-156.
[133] 徐世康. 两宋时期的翻译活动[D]. 上海师范大学，2014.
[134] 李晓伟. 秦汉通行凭证研究[D]. 河南大学，2016.

[135] 杜鹏姣. 汉代通关文书研究[D]. 兰州大学，2014.
[136] 李子贤. 明清中琉贸易中的勘合文书[J]. 浙江海洋学院学报（人文科学版），2019（03）.
[137] 何国锋. 试论我国护照制度的完善[D]. 湘潭大学，2003.
[138] 王福鑫. 宋代旅游研究[D]. 河北大学，2006.
[139] 秦开凤. 消费视角下的宋代旅游新发展[J]. 陕西师范大学学报：哲学社会科学版，2013（06）：98-104.
[140] 张艺. 明代旅游文化初探[D]. 山东师范大学，2013.

司法篇

[141] 曹强新. 清代监狱研究[D]. 武汉大学，2011.
[142] 张全仁，张鸥. 中国古代自由刑的表现形式和历史沿革[J]. 中国刑事法杂志，2012（11）：115-119.
[143] 张行. 清代“慎刑”理念下的死刑制度[D]. 郑州大学，2016.
[144] 蒋冬梅. 杀人者死的中国传统观念及其实践研究[D]. 华东政法大学，2008.
[145] 周国均，巩富文. 我国古代死刑复核制度的特点及其借鉴[J]. 中国法学，2005，000（001）：157-168.
[146] 吕丽. 中国传统的慎杀理念与死刑控制[J]. 当代法学，2016，30（4）：37-47.
[147] 庚晋. 古代特权阶层的“丹书铁券”[J]. 档案时空，2006，000（011）：31-34.
[148] 洪海安. 论“丹书铁券”的渊源与形制[J]. 社会科学家，2010（01）：40-40.
[149] 王剑：铁券通论[J].史学集刊，1998（04）：30-35.
[150] 朱子彦. 铁券制度与皇权政治[J]. 学术月刊，2006（07）：146-152.
[151] 韩树峰. 秦汉徒刑散论[J]. 历史研究，2005，000（003）：37-52.
[152] 苑芳芳. 汉代刑徒的若干问题研究[D]. 南京师范大学，2013.

[153] 连宏. 汉唐刑罚比较研究[D]. 东北师范大学，2012.
[154] 程维荣. 论秦汉城旦舂刑的变迁及其影响[J]. 政治与法律，2010，000（011）：128-136.
[155] 程皓. 北宋配隶沙门岛刍议[J]. 首都师范大学学报（社会科学版），2010（s1）：39-44.
[156] 吴艳红. 明代流刑考[J]. 历史研究，2000（06）：33-43.
[157] 薄晓霞. 浅析中国古代流放制度[D]. 山东大学，2012.
[158] 朱瑞熙. 宋代的刺字和文身习俗[J]. 中国史研究，1998（01）.
[159] 吕志兴. 宋代配刑制度探析[J]. 西南大学学报（社会科学版），2004，30（01）：101-108.
[160] 梁瑞. 唐代流贬官研究[D]. 浙江大学，2011.
[161] 沈臻懿. 亲子鉴定[J]. 检察风云，2016（20）：36-38.
[162] 陈玺，马俊. 滴血认亲背后的法律故事[N]. 人民法院报，2019（435）.
[163] 佚名. 古代亲子鉴定四大手段[J]. 芳草：经典阅读，2015，000（004）：60-62.
[164] 闫晓君. 清代的司法检验[J]. 中国刑事法杂志，2005（05）：110-121.
[165] 茆巍. 清代司法检验制度中的洗冤与检骨[J]. 中国社会科学，2013，000（007）：181-203.
[166] 俞荣根，吕志兴. 中国古代法医学：宋（慈）学——宋慈及其《洗冤集录》[J]. 中国司法鉴定，2006（01）：53-56.

激发个人成长

多年以来，千千万万有经验的读者，都会定期查看熊猫君家的最新书目，挑选满足自己成长需求的新书。

读客图书以“激发个人成长”为使命，在以下三个方面为您精选优质图书：

1. 精神成长

熊猫君家精彩绝伦的小说文库和人文类图书，帮助你成为永远充满梦想、勇气和爱的人！

2. 知识结构成长

熊猫君家的历史类、社科类图书，帮助你了解从宇宙诞生、文明演变直至今日世界之形成的方方面面。

3. 工作技能成长

熊猫君家的经管类、家教类图书，指引你更好地工作、更有效率地生活，减少人生中的烦恼。

每一本读客图书都轻松好读，精彩绝伦，充满无穷阅读乐趣！

认准读客熊猫

读客所有图书，在书脊、腰封、封底和前后勒口都有“**读客熊猫**”标志。

两步帮你快速找到读客图书

1. 找读客熊猫

2. 找黑白格子

马上扫二维码，关注“**熊猫君**”

和千万读者一起成长吧！